Jean-Claude Perrier

Der kleine Prinz und das wahre Leben

Auf den Spuren von Antoine de Saint-Exupéry

Aus dem Französischen von Caroline Gutberlet

parthas berlin

Für Andrée Baranger, die immer meine geschätzte Grundschullehrerin aus der 5. Klasse bleiben wird, auch wenn sie mich erst viel später den »Kleinen Prinzen« entdecken ließ.

Impressum

1. Auflage September 2010

© 2010 Parthas Verlag Berlin

Gabriela Wachter

Planufer 92d · 10967 Berlin

www.parthasverlag.de

Alle Rechte vorbehalten

Die Originalausgabe erschien unter dem Titel *Les mystères de Saint-Exupéry* ©2009 bei Edition Stock, Paris, France

Aus dem Französischen übersetzt von Caroline Gutberlet. Gedruckt mit freundlicher Unterstützung der Kulturabteilung der Ambassade de France, Berlin.

Umschlaggestaltung: Pina Lewandowsky

Satz: Gabriela Wachter

Lektorat: Silke Herweg

Umschlagabbildung: Antoine de Saint-Exupery (Coloriertes Foto) © ullstein bild, Roger Viollet

Gesamtherstellung: Friedrich Pustet KG

ISBN 978-3-86964-027-3

Inhalt

Vorwort 9

Prolog 15

I Ein saturnischer Dichter 20

II Der Mann, der die Frauen liebte 33

III Rendezvous mit der Filmbranche 61

IV Die Geheimnisse des Kleinen Prinzen 74

V Ein gaullistisches Komplott in Montreal? 84

VI Ein genialer Tausendsassa 100

VII Die Suche nach dem Verschollenen 112

VIII Ein irrwitziges Erbe 125

Vorläufiges Schlusswort 138

Anmerkungen 143

Quellen 154

Bibliografie 155

Dank 157

»Denn eines Abends in der Wüste am Lagerfeuer erzählte jener Dichter die schlichte Geschichte seines Baumes.«

Antoine de Saint-Exupéry, »Die Stadt in der Wüste«, Kap. 10

Vorwort

Es gibt Schriftsteller, die liebt man, kaum dass man sie entdeckt hat, und sie begleiten einen dann ein Leben lang. Mir ging es so mit Montaigne, Proust, Apollinaire, Gide, Malraux, Michaux, Jouve, Mandiargues … Und dann gibt es jene Autoren, denen man erst später begegnet, die einem aber, sobald sie zur eigenen Idealbibliothek gehören und Aufnahme in den persönlichen Pantheon gefunden haben, nicht weniger wichtig sind. Antoine de Saint-Exupéry gehört für mich zu dieser zweiten Kategorie.

Natürlich hatte ich ihn gelesen und schätzte seine großen Bücher: *Pilote de guerre* (»Flug nach Arras«), *Terre des hommes* (»Wind, Sand und Sterne«) und die kaum einzuordnende *Citadelle* (»Die Stadt in der Wüste«). Die Höhe der Betrachtung, die Erhabenheit, jene Moral des über sich selbst Hinauswachsens und der Aufopferung hatte ich bewundert. Die lebensnahe, allzu menschliche Philosophie: Der Mensch ist, was er tut. Warum ich als Kind den »Kleinen Prinzen« nicht gelesen hatte, kann ich nicht sagen. Ich entdeckte ihn erst viel später, als Erwachsener, durch Andrée, meine »alte« Lehrerin aus der 5. Klasse. Bei einem unserer Gespräche über Literatur war sie dermaßen verwundert darüber, dass ich bis dahin hatte leben können, ohne dieses Buch zu kennen – das ganz zweifellos ihre Lieblingslektüre war –, dass sie es mir sofort schenkte. So kam ich zwar spät in den Genuss der Lektüre, aber dies hatte letzten Endes sein Gutes: »Der kleine Prinz« ist nämlich, obwohl auf wunderbare

Weise für jedermann zugänglich und ungeachtet der Widmung »für Léon Werth, als er noch ein Junge war«, kein Kindermärchen oder zumindest nicht nur.

*

Während meines Studiums, in den 1970er und 1980er Jahren, wurde Saint-Exupéry gleichsam noch einmal »in die Wüste geschickt«. Und das, obwohl man den für Frankreich gefallenen Dichter-Piloten nach dem Krieg zunächst »heiliggesprochen« hatte. Ein Phänomen, das seine amerikanische Biografin Stacy de La Bruyère (Stacy Schiff) treffend wiedergab, als sie ihn »Saint Antoine d'Exupéry«[1] nannte.* Während seine Familie mit Argusaugen über sein Werk und die Erinnerung an ihn wachte und die ersten Biografen an seiner Mystifizierung werkelten, machten ihn vor allem die Veröffentlichung von *Citadelle* im Jahr 1948, die als sein geistiges Testament gelten kann und »in spiritualistischen Kreisen zur Pflichtlektüre«[2] wurde, sowie die vergebliche Suche nach dem Flugzeugwrack und seinem Leichnam im aktuellen Tagesgeschehen allgegenwärtig, fast bis zum Überdruss.

Als Reaktion darauf behandelten die führenden Intellektuellen an den Universitäten, die allein auf Psychoanalyse, Materialismus, Nouveau Roman und Strukturalismus schworen, Saint-Exupéry bestenfalls von oben herab, schlimmstenfalls erklärten sie ihn zum Kretin und stempelten ihn als altmodischen Autor ab, dessen Werk »überholte« Werte vermittle: Humanismus, Hochhalten des über sich selbst Hinauswachsens, Heldentum und Aufopferung, Glaube an den Menschen und sogar an Gott ... Ab in die Versenkung damit!

Zum Glück hat sich das Rad in den letzten zwanzig Jahren weitergedreht. Die Kulturwächter der »nouvelle critique« sind tot oder in Vergessenheit geraten, ihre Theorien haben an Strahlkraft verloren, nachdem sie über einen viel zu langen Zeitraum zahlreichen Schriftstellern Komplexe und Hemmungen beschert haben. Mittlerweile hat Saint-Exupéry, dem das breite Publikum – im Gegensatz zu den sogenannten Eliten – nie abgeschworen hatte, seine volle Bedeutung wiedererlangt: als einer der größten Schriftsteller des 20. Jahrhunderts und Verfasser eines Werkes, das nichts an Aktualität eingebüßt hat und zugleich überzeugende zukunftsweisende Werte und Gedanken vermittelt.

*

Aber auch der Mensch Saint-Exupéry hat mich sehr berührt. Seine Zärtlichkeit, sein Humor, seine Ungeschicklichkeit, die »riesenhaften Flügel«, wie Baudelaire, einer seiner Lieblingsdichter, es einmal formuliert hat, die ihn daran hinderten, sich am Boden wohl zu fühlen, all das faszinierte mich. Allen Widerständen zum Trotz musste er anscheinend immer wieder das Weite suchen und fliegen. Wenn er ein Flugzeug steuerte, konnte er sich der belastenden materiellen Zwänge entledigen, die Sorglosigkeit der Kindheit wiederfinden und eine Freiheit spüren, die absolut, einzigartig und wert war, dass man sein Leben für sie riskierte.

Sein irdisches Leben währte nur kurz, aber es waren vierundvierzig reiche und intensive Jahre. Es gibt Menschen, die von einer magischen, überirdischen Aura umgeben sind, diese ist aber nur für die wachsamsten unter denen, die das Glück haben, mit ihr in Berührung zu kommen, wahrnehmbar. Antoine de Saint-Exupéry war einer von diesen Menschen, eine Art Außerirdischer, genau wie sein kleiner Prinz. Ich konnte nicht ahnen, dass er mir eines Tages so nah sein würde …

* Die Anmerkungen befinden sich am Ende des Buches.

*

Meine Annäherung begann mit der journalistischen Mitarbeit an einer Sonderserie über Saint-Exupéry für die Tageszeitung *Le Figaro*, die 2004 erschien, im Sommer 2007 folgte ein umfangreicher »klassischer« Feuilletonbeitrag für die Literaturbeilage derselben Zeitung.

Die Idee dazu bekam ich während einem Gespräch mit Olivier d'Agay, dem Großneffen von Saint-Ex (so wurde er von seinen Freunden genannt) und Direktor der Nachlassverwaltung Succession Saint-Exupéry–d'Agay. Wir hatten schon vorher in einer ausgesprochen vertrauensvollen Atmosphäre zusammengearbeitet, was für Schriftstellererben, die Journalisten gegenüber oft misstrauisch sind, nicht selbstverständlich ist. Als ich aber dann von ihm erfuhr, dass ein Forscher das Typoskript von *Manon, danseuse* (»Manon, Tänzerin«, 2009) entdeckt hatte, ein Jugendroman von Saint-Exupéry, der seit über achtzig Jahren unveröffentlicht geblieben war und den Gallimard im Herbst jenes Jahres 2007 zusammen mit anderen unveröffentlichten Texten (vor allem Briefen) herausgeben sollte, hat er mich gepackt. Gab es noch mehr Unveröffentlichtes: Manuskripte, Zeichnungen, Briefe, Fotos, die noch nie gelesen, gesehen, gezeigt worden waren? Die positive Antwort überraschte mich: »Es kommt recht häufig vor, dass man bei Sammlern in Frankreich oder im Ausland fündig wird oder dass etwas auf öffentlichen Versteigerungen auftaucht«, klärte mich Olivier d'Agay auf. Es gehört sogar zu den Hauptaufgaben der Succession, diese Dokumente ausfindig zu machen, ihre Authentizität zu prüfen und zu versuchen, sie zu erwerben oder an sie heranzukommen, um sie später für Forscher verfügbar zu machen und gegebenenfalls zu veröffentlichen.

Langsam nahm das Projekt Gestalt an. Mir schwebte vor, anhand noch unveröffentlichter oder seltener Zeugenaussagen, Dokumente, Manuskripte, Briefe und Fotos einige Facetten vom Leben und Werk Saint-Exupérys – beides ist bei ihm noch viel stärker miteinander verwoben als bei anderen Schriftstellern – näher zu beleuchten, über die noch immer große Unklarheit herrschte: zum Beispiel die Auflösung seiner Verlobung mit Louise de Vilmorin, das Scheitern seiner Filmprojekte, sein schwieriges Verhältnis zu de Gaulle und den Gaullisten im Krieg oder auch die Entstehungsgeschichte des »Kleinen Prinzen«, die länger dauerte und sich schwieriger gestaltete als im Allgemeinen bekannt ist. Auf diese weißen Flecken hatten mich Kenner der Materie hingewiesen, unter ihnen Frédéric d'Agay, der ältere Bruder von Olivier, der die Leitung der Succession vor diesem inne hatte und unser Wissen über Saint-Exupéry durch einige bedeutende Publikationen bereits sehr erweitert hat.[3]

Meine Feuilleton-Serie erschien den ganzen Sommer 2007 über und die sieben Teile mussten sogar um einen achten erweitert werden, nachdem ein Leser mir unaufgefordert ein Gedicht zukommen ließ, das Saint-Exupéry 1917 seinem Vater geschenkt hatte – eigenhändig geschrieben und unveröffentlicht.

Die Begeisterung der Leser, die viele Post, die wir in der Redaktion erhielten, in der manches Thema beleuchtet und diskutiert wurde, waren der Beweis dafür, wie viel Interesse und Leidenschaft der Dichter-Pilot noch heute, über fünfundsechzig Jahre nach seinem Tod, wecken kann.

Selbstverständlich konnte ich nicht alles gesammelte Material verwenden, obwohl der Seitenumfang der damals noch großformatigen Tageszeitung vollständig ausgenutzt wurde. Außerdem tauchten später viele weitere Dokumente, Zeugnisse und Texte auf. Ich kam also nicht umhin, meine Arbeit wiederaufzugreifen und zu vertiefen. Dabei ging ich vor wie gewohnt: Unveröffentlichte Quellen sollten besonders bevorzugt werden, um ein neues Licht auf die Vita von Saint-Exupéry zu werfen, auch auf die Gefahr hin, einige überkommene Vorstellungen – zum Beispiel über seine Beziehung zu Frauen, seine politischen Einstellungen oder seinen Nachlass – ins Wanken zu bringen …

*

Das Paradoxe bei Saint-Exupéry ist, dass er ebenso berühmt wie geheimnisvoll ist. Das Forscherglück besteht also darin, dass regelmäßig neue Puzzleteile, manchmal auf wundersame Weise, ans Tageslicht kommen. Mein Versuch, sie hier zusammenzufügen, gleicht der Arbeit eines Archäologen, der ein antikes Mosaik rekonstruiert.

Denn es handelt sich hier tatsächlich um literarische Archäologie. Jedes Zeugnis, jeder neue Text, jede neuerliche Lektüre eines Manuskripts stellt ein weiteres Mosaiksteinchen dar, das eine Lücke schließt, sein Porträt verfeinert und weitere Funde nach sich zieht.

Das vorliegende Buch will weder Biografie sein, auch wenn der Lebensweg von Saint-Exupéry Etappe für Etappe aufgerollt wird, noch Essay, auch wenn der Autor einige eigene Ideen und Schlussfolgerungen zu äußern wagt, die sich im Laufe seiner Nachforschungen herauskristallisiert haben. Es ist eine Spurensuche über einen ebenso rastlosen wie faszinierenden Menschen, einen Dichter, dessen Werk unseren unglücklichen Planeten ein wenig erhellt. Dank seines »Kleinen Prinzen«, dem meistverkauften Buch nach der Bibel mit einem Helden, der als einziger bei der Trauerfeier von Michael Jackson zitiert wurde, ist er zweifellos der meistbekannte der modernen französischen Schriftsteller.

Im Verlauf dieser Spurensuche wird uns so manche Überraschung begegnen und vor unseren Augen wird ein komisch aussehendes Schaf erscheinen …

14

Prolog

Olivier und Frédéric d'Agay ermöglichten mir freien Zutritt zur Succession Saint-Exupéry–d'Agay und zum Espace Saint-Exupéry mit allen Bibliotheken, Archiven und Sammlungen. Auch ihre Mitarbeiter, darunter die kompetente und begeisterte Forscherin Delphine Lacroix, standen mir zur Seite. Sie haben mich auf einige wertvolle Fährten für meine Nachforschungen aufmerksam gemacht und mir Namen von Personen genannt, mit denen sich ein Treffen lohnen würde.

Unter ihnen befand sich der bibliophile Sammler Gérard Egnell, der in einer schönen Wohnung im Viertel Nouvelle-Athènes im 9. Arrondissement von Paris lebt. Er war aus persönlichen, schmerzhaften Gründen auf Saint-Exupéry gestoßen und ein exzellenter Kenner des Lebens und Werks des Dichter-Piloten, über den er sagt:»Er ist ein Meister der kleinen Form.« Er zeigte mir Manuskripte, Briefe und einige seltene Buchausgaben, darunter eines der zweitausend Exemplare des *Pilote de guerre*, die Gallimard im November 1942 herausbrachte, kurz bevor es vom Vichy-Regime verboten wurde.

Auch die entzückende Comtesse Bouët-Willaumez, die ich in ihrem schmucken Haus in einem vornehmen Pariser Vorort besuchte, gehörte zu diesen Personen. Im Garten dieses Hauses blühte ein Trompetenbaum, allerdings hätten die Weinstöcke einen Schnitt gebraucht. Drinnen an der Wohnzimmerwand hingen vier herrliche Zeichnungen von Saint-Exupéry[1], die er 1943 in New York für Comte René Bouët-Willaumez angefertigt hatte und ihm widmete. RBW, wie Saint-Ex ihn nannte, war ein berühmter Modeillustrator und arbeitete unter anderem für die *Vogue*. Die beiden Männer hatten sich 1942 bei einem gemeinsamen Freund, dem Maler Bernard Lamotte, kennengelernt und angefreundet. Der Dichter-Pilot schenkte René diese Dreiviertelporträts eines Mannes aus Tusche und Aquarell. Leider lebt der Comte nicht mehr und die Comtesse, die viel jünger war als ihr Ehemann, den sie erst nach dem Krieg geheiratet hatte, konnte Saint-Exupéry nie kennenlernen.

Die Brüder d'Agay nannten mir auch einige öffentliche Einrichtungen, in denen Manuskripte von Saint-Exupéry lagerten. Dazu gehören die Archives Nationales, denen Antoines jüngere Schwester Simone ihr Privatarchiv und das ihrer Mutter Marie zur Aufbewahrung anvertraut hat. Zu dem Bestand zählen insbesondere Briefe und Gedichte, von denen inzwischen einige im ersten Band der Gesammelten Werke[2] von Saint-Exupéry erschienen sind. Nebenbei sei bemerkt, dass der eigenhändige Umgang mit Manuskripten manchmal schöne Momente und sogar archäologische Funde bescheren kann …

Ursprünglich hatten die Herausgeber der Gesammelten Werke in dem Gedicht *La Lune* (»Der Mond«) in der fünften Strophe zwei Wörter im zweiten und vierten Vers als »nicht entzifferbar« gekennzeichnet. Doch eine Schreibgewohnheit von Saint-Exupéry, dessen Schrift in der Jugend recht gut lesbar war, es im Laufe der Jahre aber immer weniger wurde, erlaubte mir, sie zu entziffern: Das Mädchen schläft ein »au fond des nues« (tief in den Wolken) und »joue avec des tritons toute nue« (spielt mit Tritonen ganz nackt). Damit erhält das charmant-verschlagene Poem wieder seine ganze Bedeutung. Und in der zweiten Strophe können die »anderen« nur in einen »Club« gehen, damit es sich (annähernd) auf »Job« reimen kann.

Als die ersten Folgen der Feuilleton-Serie über Antoine de Saint-Exupéry im *Figaro* erschienen, erlebte ich eine erste wunderbare Überraschung. Die Zeitung bekam ein Fax von einem gewissen Yves Grisez, der angab, sein Vater Jean sei 1916/17 in Freiburg (Schweiz) »ein Freund Antoines aus Kindertagen« gewesen und er besäße noch ein unveröffentlichtes Gedicht, auf den 18. Februar 1917 datiert, das der angehende Schriftsteller seinem Vater gewidmet und geschenkt habe. Ich traf mich mit Yves Grisez, der erst 2006 im Zusammenhang mit der Veröffentlichung eines Artikels in der Regionalzeitschrift der Untervogesen *La Vôge*[3] von der Freundschaft zwischen Saint-Exupéry und seinem Vater erfahren hatte – und er erteilte uns spontan die Genehmigung für die Veröffentlichung des Gedichttextes. Leider existiert der Briefwechsel zwischen Saint-Exupéry und Jean Grisez, den sie bis zum Kriegsbeginn 1939 miteinander führten, nicht mehr, da Letzterer ihn für »zu persönlich«[4] hielt und vor seinem Tod vernichtete …

*

In Sachen »Consuelo« war ich dagegen nicht so erfolgreich. Die Witwe von Saint-Exupéry, die kinderlos geblieben war und 1979 verstarb, gab ihren Nachlass in die Hände von José Martinez-Fructuoso, der sich viele Jahre um sie gekümmert hatte. Seit geraumer Zeit sind die Beziehungen zwischen Consuelos Rechtsnachfolger und der Familie von Tonio, wie ihn seine Frau nannte, angespannt. Denn José Martinez besitzt sämtliche Papiere, Manuskripte, Zeichnungen, Briefe und Gegenstände, die Consuelo gehörten, einschließlich der Sachen, die Saint-Exupéry in New York zurückließ, als er im Frühjahr 1943 in den Krieg aufbrach. Das war ein wahrer Schatz, dessen Umfang man nur rudimentär kennt und der nur mit Zustimmung beider Parteien eingesehen werden darf. Wir vom *Figaro* dachten, unser neutrales Terrain könne diesen Leuten die Gelegenheit für eine Annäherung und einen Dialog bieten, und malten uns in schillernden Farben die Entdeckung völlig unbekannten Materials aus.

Im Frühjahr 2007 nahm ich telefonisch Kontakt zu José Martinez auf und legte ihm mein Projekt dar. Er zeigte sich sehr umgänglich und ließ sich auf ein Treffen ein. Für diesen Abend hatte ich, zu Ehren der lateinamerikanischen Wurzeln meines Gastes und Consuelos, die Café-Bar La Rhumerie auf dem Boulevard Saint-Germain für einen Mojito gewählt ... Ich bin mir aber nicht sicher, ob er das überhaupt registrierte. Jedenfalls hatte ich den Eindruck, dass er mich einer Prüfung unterzog, was nicht überraschend war: Dieser Mann führt seit dreißig Jahren solche Gespräche. Und ich glaube, dass ich dabei keine allzu schlechte Figur machte. Geduldig hörte ich dem Schwall der Anschuldigungen zu, welche er gegen Saint-Exupérys Familie vorbrachte, die sich boshaft gegen Consuelo benommen, sie verachtet und beraubt hätte. Er beklagte sich auch über das geltende Urheberpersönlichkeitsrecht, das ihn daran hindere, die Werke des Schriftstellers, seine Zeichnungen und die erhaltenen Briefe nach eigenem Gutdünken zu veröffentlichen. Dass solche existierten, bestätigte er mir und nannte sogar einige illustre Briefpartner, darunter André Gide und Albert Camus.

Als wir auseinandergingen, hatte Martinez sich gleichwohl auf nichts festgelegt. Ich hatte ihn um seine Hilfe gebeten und versprach ihm nun, ihm eine Übersicht über die Folgen der *Figaro*-Serie zu schicken, was ich auch umgehend tat, mit dem Hinweis, dass wir für Anmerkungen und Vorschläge seinerseits selbstverständlich völlig offen seien. Ich habe nie wieder etwas von ihm gehört. Trotz vieler Telefonanrufe (erreichbar war immer nur der Anrufbeantworter), zahlreicher Anschreiben, die ich nach Grasse schickte – der Stadt im Süden Frankreichs, in der Consuelo lebte und starb –, und des wiederholten Vorschlags, ihn an der Côte aufzusuchen, wenn Bedarf bestünde – keine Reaktion, nada. Vermutlich konnte ich sein Vertrauen doch nicht gewinnen … eine verpatzte einmalige Gelegenheit. Aber ein journalistischer Archäologe lässt sich nicht so schnell entmutigen, meine Spurensuche würde mir sicher viele weitere Begegnungen und Trouvaillen bescheren, die mich darüber hinwegtrösten könnten.

I Ein saturnischer Dichter

Antoine Jean-Baptiste Marie Roger de Saint-Exupéry kam am 29. Juni 1900 in Lyon als drittes Kind von Jean de Saint-Exupéry (1863–1904) und Marie de Fonscolombe (1875–1972) zur Welt. Vor ihm wurden Marie-Madeleine (1897–1927), genannt Biche oder Mima, und Simone (1898–1978), genannt Monot, geboren. Nach ihm folgten François (1902–1917) und Gabrielle (1903–1986), genannt Didi oder Diche. Letztere heiratet 1923 Pierre d'Agay und bekommt ebenfalls fünf Kinder.

Nach dem Tod des Vaters lebte die Familie abwechselnd in einer Etagenwohnung am Place Bellecour 3 in Lyon und im Schloss Saint-Maurice-de-Rémens im Departement Ain, das einer Tante mit Namen de Tricaud gehörte. Nach deren Tod im Jahr 1919 erbte Marie de Saint-Exupéry das Anwesen, musste es 1932 jedoch verkaufen, als sie sich in Cabris (Departement Alpes-Maritimes), im Hinterland von Cannes bei Grasse, niederließ, wo sie bis ins hohe Alter von siebenundneunzig Jahren lebte. Für Antoine war und blieb aber das Schloss Saint-Maurice stets das Paradies einer zauberhaften Kindheit. Eine verlorene, ausgelöschte Welt, nach der er sich sein Leben lang schmerzhaft zurücksehnte. In dieser Festung gegen Angriffe von außen gaben sich die Geschwister, versammelt um Marie ihrer Schutzgöttin, altersgemäßen Vergnügungen hin – Spielen, Zaubertricks und Rätselraten –, wobei Antoine schon als kleiner Junge brillierte. Aber mehr noch kultivierten die Kleinen der Familie hier ihre künstlerischen Talente auf ernsthafte Weise. Es wurde musiziert, gezeichnet und gedichtet, wie dies

Antoine mit seiner Tante Madeleine de Fonscolombe, um 1906,
© ullstein bild, Roger Viollet

zu jener Zeit in vielen Familien aus diesem Milieu üblich war. Auch Marie küsste die Muse. 1956 veröffentlichte sie Gedichte, 1969 Erinnerungen und 1971 den Band *J'écoute chanter mon arbre* (»Ich lausche dem Gesang meines Baumes«) mit Gedichten und Erinnerungen. Kein Wunder also, dass die ersten literarischen Gehversuche des jungen Antoine lyrisch waren.

Die frühesten Spuren seiner literarischen Anfänge führen in das Jahr 1912 zurück. Drei Verszeilen eines Gedichts, die uns erhalten geblieben sind, lassen bereits seine Leidenschaft für die Fliegerei erkennen:

> *Die Flügel vibrierten in der Abendbrise*
> *Mit seinem Lied schaukelte der Motor die*
> > *schlummernde Seele*
> *Die Sonne streifte uns mit ihrem blassen Schein*[5]

Antoine ist damals zwölf. Ende Juli hatte er seine Lufttaufe auf dem kurz zuvor eröffneten Aerodrom Ambérieu-en-Bugey im Departement Ain, nur wenige Kilometer vom Schloss Saint-Maurice-de-Rémens entfernt, wo die Familie den Urlaub verbrachte. Der Pilot Gabriel Wroblewski-Salvez weihte ihn dort in die Kunst des Fliegens ein. Wie viele Jugendliche – ob angehende Schriftsteller oder nicht – geht er seiner dichterischen Neigung, insbesondere im Ersten Weltkrieg, weiter nach und findet Anregungen im Tagesgeschehen. Sein Gedicht *Printemps de guerre* (»Kriegslenz«) mit starken Anklängen an Rimbaud zeugt davon:

> *[…] Zuweilen unter einem Mondstrahl verschwommen*
> *Zeichnet sich über klarem Wasser gebeugt ein Soldat ab;*
> *Er träumt von seiner Liebsten, träumt von seinen zwanzig*
> > *Jahren!*

Plötzlich durchzischt die reine Luft eine verirrte Kugel,
Ein Röcheln trübt das Murmeln der Winde …
Oh, warum nur töten die Menschen einander auf Blumen?[6]

Er karikiert außerdem »einige Profile von Boches«, die er mit einer Pickelhaube versieht oder, wie bei Kaiser Franz Joseph und dem Kronprinzen, mit Attila in Verbindung bringt …

Bei Kriegsbeginn beschließt Marie de Saint-Exupéry, eine selten energische Frau, im Bahnhof von Ambérieu ein Krankenrevier einzurichten. Ihre beiden Söhne, Antoine und der zwei Jahre jüngere François, bringt sie im jesuitischen Gymnasium Notre-Dame-de-Mongré in Villefranche-sur-Saône unter, aber dort ergeht es ihnen nicht gut. Nach einem kurzen Aufenthalt in Le Mans schickt sie sie 1915 in die Schweiz ans marianistische Gymnasium Villa Saint-Jean in Freiburg, eine angenehme Einrichtung, die mit innovativen pädagogischen Methoden arbeitet und in engem Kontakt mit dem Collège Stanislas in Paris steht. Die Klientel gehört größtenteils zur besten Gesellschaft.

Die Saint-Exupéry-Brüder bleiben bis 1917 im Freiburger Internat. Antoine, der, was schulische Leistungen betrifft, nicht gerade der Beste ist, besteht seine Abschlussprüfungen trotzdem in den Jahren 1916 und 1917. Und hier, in der Villa Saint-Jean, stirbt sein Bruder François am 10. Juli 1917 an Gelenkrheumatismus. Im Oktober desselben Jahres fährt Antoine »hoch« nach Paris, um sich für die Aufnahmeprüfung der École navale (Marineakademie) vorzubereiten. Die Schule in Freiburg war nicht unangenehm, der Krieg weit weg, und Antoine hatte enge Freundschaften mit Jungen wie Charles Salles, Louis de Bonnevie und Marc Sabran geknüpft sowie auch mit Jean Grisez.

Jean und Antoine sind gleichaltrig. Jean ist der Sohn eines Bierbrauers aus Lachapelle-sous-Rougemont in der Nähe von

Belfort, der ihn angesichts der drohenden deutschen Invasion in die Schweiz geschickt hat und bald nach diesem Entschluss im Dezember 1915 plötzlich stirbt. Dass sie beide Halbweisen waren, hat die Jugendlichen einander bestimmt näher gebracht. Obwohl Antoine nicht viel für die Schule macht, liest er sehr viel (Balzac, Baudelaire, Dostojewski …) und schreibt weiter Gedichte, meist in elegischem Ton, im Widerhall auf ihre Seelenzustände, ihre Einsamkeit, ihre Epoche und auch die im Winter so schroffe Schweizer Natur.

Am 18. Februar 1917 schreibt Antoine für Jean dieses bis heute unveröffentlichte melancholische, herbstliche Sonet:

Villa Saint-Jean Fribourg, den 18-2-17
J(ean) Grisez, seinem Freund von Saint-Exupéry

Der Teich scheint zu schlummern, kein Schilf singt
Am Ufer schweigen fassungslos die Weiden;
Sie beweinen, was sie so oft in Lebensgefahr brachte
Zerbrechliche Iris neigen sich übers schwere Wasser …

Denn der Gott, der die Lande lebendig machte,
Der Wind ist nicht mehr da, um sie noch zu beleben,
Zu sagen den jungen Vögeln, sich in die Lüfte zu schwingen
Oder zu kräuseln den blauen Teich mit einer ersterbenden
Welle …

Doch die nachdenklichen Bäume warten auf seine Rückkehr.
Und so sind wir, wenn sich, da wir keine Liebe mehr haben,
Nachdem das Gewitter vorüber ist, nichts mehr in uns rührt,

Und, da wir verlangen, was uns doch leiden machte,
Unser Herz stumm ist und leer und sterbenstraurig
Oh, mein Freund … einer Herbstlandschaft gleich![7]

Das Gedicht ist stark von Parnasse beeinflusst, den Saint-Exupéry seinerzeit sehr schätzte, und weist Anklänge an Verlaine und Reminiszenzen an seinen geliebten Baudelaire auf. Diesem widmete er eine *Note* (»Anmerkung«), die bisher ebenfalls noch nicht veröffentlicht wurde und deren Bedeutung einigermaßen obskur ist:

> *Baudelaire: Erlösung. [...]*
> *Baudelaire, die Uhr ewiglich ... nimmer ... Fallbeil.*
> *Doch irgendwer, der Heil verspricht. Heil ist Rückkehr. Das*
> *Tragische dabei ist, dass er den Weg zurück nicht sieht.*
> *Zuerst die Existenz des Weges. Selbst wenn man ihn nicht*
> *findet.*
> *Baudelaire: der unauslöschliche Fleck des Bösen. Doch es gibt*
> *keine tote Frau [Form]. Die Frau [Form]⁸ kann nicht sterben.*
> *Muss sich in Poesie verwandeln, um ihn zu retten.⁹*

1941 gestand der Schriftsteller: »Ich verehrte Baudelaire zutiefst, und ich muss zu meiner Schande gestehen, dass ich alles von Leconte de Lisle und alles von Hérédia und auch Mallarmé auswendig gelernt habe.«

Das Gedicht »Der Teich scheint zu schlummern« ist auf wundersame Weise zu uns gekommen. Saint-Exupéry, der seine Freundschaften pflegte, blieb bis zum Zweiten Weltkrieg und seiner Abreise in die Vereinigten Staaten mit Jean Grisez in Kontakt. Sie schrieben sich. 1938 sahen sie sich sogar ein letztes Mal wieder, vermutlich im Juli, in Lachapelle, wo Grisez die Leitung der Familienbrauerei übernommen hatte. Saint-Exupéry rief ihn am Vorabend von Straßburg aus an. Wie gewöhnlich würde er mit seinem eigenen Flugzeug kommen, es selbst steuern, auf dem kleinen Aerodrom neben Chaux landen und sich mit einem Auto zum Ziel chauffieren lassen. Wiedersehen, schnelles Mittagessen und Wiederauflebenlassen der Jugenderinnerungen, Besichtigung der Firma: Alles in allem verbrachte er drei Stunden vor Ort, dann flog er zum Flughafen Le Bourget zurück und kam schließlich wieder in Paris an. Einige Zeit später ließ Antoine seinem Freund Jean eine Luftaufnahme von der Brauerei zukommen, die er selbst gemacht hatte. Sie sollten sich nicht mehr wiedersehen. Erst sehr viel später vertraute Jean Grisez seinem Sohn Yves einige wenige Details über seinen berühmten Freund an, der ein großer Schriftsteller geworden war, bevor er auf tragische Weise verschwand.

In ihrer Korrespondenz, erinnert sich Grisez, ging es »um Themen aller Art, vielleicht überwogen jedoch philosophische Fragen, denn Antoine war ein getriebener Mensch. Übrigens war er in Prosa ebenso brillant wie in Versformen aller Art«[10]. Auch soll der Schriftsteller den alten Schulkameraden mehrfach um seine Meinung gebeten haben, da er sich, weil er mit dem Pariser literarischen Milieu nichts zu tun hatte, seiner Aufrichtigkeit und Objektivität bei der Beurteilung dieses oder jenes Kapitels des einen oder anderen in Arbeit befindlichen Buches sicher sein konnte. Doch bedauerlicherweise fasste Jean Grisez einige Jahre vor seinem Tod (1970) den Entschluss, die »gut dreißig Briefe« zu vernichten, die er von Saint-Exupéry erhalten hatte. »Dieser Briefwechsel war sehr persönlich und gehörte in eine Zeit, die für mich jetzt abgeschlossen ist«[11], erklärte er und war einigermaßen verwundert, dass man ihm seine äußerste Diskretion sogar zum Vorwurf machte …

*

Im Unterschied zu vielen anderen Schriftstellern war die Poesie für Saint-Exupéry nicht nur eine jugendliche Gefährtin, die man später vernachlässigt, um sich nur noch der Prosa zu widmen, gleichwohl er sich dieser ab Mitte der 1920er Jahre verstärkt zuwandte. Sein erster veröffentlichter Text war eine Novelle mit dem Titel *L'Aviateur* (»Der Flieger«), ein Ausschnitt aus dem verschollenen Text *L'Évasion de Jacques Bernis* (»Die Flucht des Jacques Bernis«), und erschien am 1. April 1926 in der Literaturzeitschrift *Le Navire d'argent* von Adrienne Monnier, bei der sein Freund Jean Prévost als Redaktionssekretär arbeitete. Diese Novelle kann als Urtext zu seinem ersten Buch *Courrier Sud* (»Südkurier«) gelesen werden, das 1929 bei Gallimard erschien.

So entfaltete Antoine de Saint-Exupéry im Jahr 1921 eine rege lyrische Aktivität, vielleicht weil er, wie so oft in seinem – kurzen – Leben, eine schwierige Zeit durchmachte. Er war durch die mündliche Prüfung zur Aufnahme in die École navale gefallen, hatte den Concours der École centrale nicht bestanden und besuchte nun mehr oder weniger regelmäßig als Gasthörer die Architekturvorlesungen an der École des beaux-arts. Er hatte keinen Abschluss, keine Arbeit, keine Zukunftsperspektiven … Neben seiner Leidenschaft für die Fliegerei und dem drängenden Wunsch Pilot zu werden, zu fliegen, reizte ihn nichts wirklich. Der Militärdienst holte ihn aus diesem Zustand existenzieller Ängste und kümmerlichen Sich-Durchschlagens heraus. Er wurde zum 2. Luftwaffenregiment nach Straßburg beordert, ließ sich 1921 zunächst zum Flugzeugmechaniker ausbilden, dann zum Piloten, indem er seine Flugstunden selbst bezahlte, und verursachte allein am Steuer des Schulflugzeuges sitzend seinen ersten Unfall: eine Notlandung, die den Auftakt einer langen Serie von Unfällen bildet. Später wurde er nach Casablanca zum 37. Luftwaffenregiment versetzt, blieb jedoch keine sechs Monate. Denn trotz der Gesellschaft einiger seiner Freunde, unter anderem Marc Sabran, den er hier zufällig traf, machte sich dort Langeweile breit. Er schrieb romantische Gedichte, von denen sicherlich einige durch seine aufkeimende Zuneigung zu Louise de Vilmorin, seiner »Loulou«, inspiriert waren, die er 1920 kennengelernt hatte, kurz bevor er den Militärdienst antrat. Stark an den Stil von Lamartine angelehnt entstand im November in Casablanca das Gedicht *À mon amie* (»An meine Freundin«):

Ich erinnere mich an dich wie an eine helle Feuerstelle
In deren Nähe ich stundenlang lebte, ohne ein Wort zu sagen
Wie die alten Jäger, die ermüdet von der frischen Luft
Im Feuer herumstochern, während ihr alter Hund schnaubt

Ich rührte in der Glut auf dem Grunde deiner schwarzen
Augen
Zerstreut, damit deine Leidenschaft schwele, und ich
In den Stunden der Schwermut, wenn die Seele spürt, wie sie
fällt
Dich schweigsam aber mit brennendem Herzen wiederfinde

Ach, was soll's! Du bist nur noch eine blasse Erinnerung,
Ein Profil, das man vergisst, eine verschwommene Landschaft
Sehr teuer, sehr zart, in die man zurückkehren möchte
Wäre da nicht das Leben – und die Notwendigkeit der Reise
…

Doch wenn der Schatten am blauen Saum des Tages trödelt
Noch ein Abend ich vergeblich die leeren Arme ausgestreckt,
In den Händen jenen Kopf, den Runzeln zeichnen werden
Erinnere ich mich an dich wie an eine große Liebe …[12]

Möglicherweise geht auch *La Lune*[13] (»Der Mond«) auf dieselbe Zeit zurück, dessen spleenige Machart an die Jugenderzählungen *Lunes en papier* (»Monde aus Papier«, 1921) und *Royaume farfelu* (»Das spleenige Königreich«, 1928) von André Malraux erinnert[14]: »seltsame Erzählungen in einer eigenwilligen Sprache, fantastische Geschichten und Welten, deren Sinn

28

für die Freiheit und das Imaginäre dem Geiste des Surrealismus anverwandt sind«:[15]

Es ist Mitternacht – ich gehe spazieren
Und ich zögere entrüstet
Wer ist dieser blasse Schimpanse
Der in diesem Springbrunnen tanzt?

Zur Stunde, wo andere in den Club gehen
Was soll denn diese barocke Spiegelung
Ich ahne … mir … verschlägt es den Atem
Es ist der Mond, der seinen Job übernimmt

Der Mond stillt seinen Durst
Neckt die großen spöttischen Wasserstrahlen
Gelangweilt von seinen Brüdern den Sternen
Und dem interstellaren Protokoll

In diesem vergöttlichten Bassin
Zum Hohn der Griesgrame
Verzehrt er mit seinen Küssen
Die fließenden Wasser der Kaskaden

Der schlechten Verse überdrüssig
Die ihn tief in den Wolken einschläfern
Spielt er mit den Tritonen
Ohne Hintergedanken – ganz nackt

Kein Schleier, kein Halo
Oh welch unartiges Knäblein …

[…]

Doch zappelig wie ein Aal
Flimmert der Mond, flimmert er
Flimmert der Mond im Wasser …

Und so beschrieb der junge André Malraux in seiner Erzählung
Lunes de papier den Trabanten: »Wie eine Leuchtreklame wech-
selte der gelbe Mond die Farbe zu Rot zu Blau zu Grün, und
ding!, wieder zu Gelb. Ein schriller Ton fiel heraus, wie ein kleiner Frosch, und die Spiegelungen auf dem See, die wie Perlmut-
ter schimmerten, vermehrten sich ins Unendliche.«

Saint-Exupéry und Malraux waren gleichaltrig (der Autor
der *Condition humaine* [»So lebt der Mensch«] war Jahrgang
1901), und wenig später freundeten sie sich an. Sie hatten ei-
niges gemeinsam: Sie waren beide Halbwaisen, Autodidakten,
abenteuerlustig und passionierte Flieger. Sie wurden bereits als
ganz junge Autoren von der *Nouvelle Revue Française* publiziert und sie waren beide Freunde und Schützlinge von André
Gide.

Nach Meinung einiger Fachleute entstand »Der Mond« vermutlich eher 1925, also im selben Jahr wie die wunderschöne
Folge *L'Adieu* (»Der Abschied«). Die zeitliche Einordnung
bleibt allerdings schwierig, denn die meisten Manuskripte von
Saint-Exupéry sind undatiert. Zweifellos schrieb er noch weitere Gedichte, die hoffentlich nur vorübergehend verschollen
sind. Man weiß zum Beispiel von einem »Heft mit Gedichten«,
das Saint-Ex seinem Freund Jean Doat schenkte und von dem
seit 1939, dem Todesjahr seines »Kameraden aus Casablanca«,
jede Spur fehlt. Mit Sicherheit weiß man, dass er seiner Leidenschaft für die Poesie bis 1930 treu blieb. Nachdem er in der Bi-
bliothek eines Freundes namens Paul Dony Sonette von Dich-
tern aus dem 19. Jahrhundert entdeckt hatte, die inzwischen
völlig in Vergessenheit geraten waren – Edmond Picard und
Henri Rouger beispielsweise –, ließ er sich von ihnen zu Nach-

dichtungen anregen. So diente *L'Abîme* von Rouger, eine eisige, unpersönliche Stilübung, Saint-Exupéry als Vorlage für einen anderen in seinen Augen völlig schrägen und morbiden »Abgrund«:

Glückliche Stadt, welch Bedrohung an der Sohle der Häfen.
Ich schaukele, vertäut am von Rost zerfressenen Ring.
Dank mir kneten deine gefangenen Kinder Träume
Untreue Träume: Ich bin ein schlafendes Boot.

Ich hasse ihr einfaches Glück, das dem Tod gleicht.
Ich werde ihre kühlen Arme ans Geländer im Wasser binden,
Und zwischen dem Schatz der Algen, der Schwämme,
Der Perlen, werde ich geblendet die Starken hervorziehen.

Ich bin die versprochene Ablenkung, in die man sich stürzt.
Mit dem Lied meiner Turngeräte werde ich dein Schweigen besiegen,
Deine Söhne den lästigen Glücksmomenten entreißen.

Denn kein Glück ist die Grimassen des Neides wert
Zu den Inseln, weder die Riffe noch die Gischt,
Noch – du glückliche Stadt – das herbe Salz eines anderen Lebens.[16]

Auch nachdem er als Prosaist berühmt geworden war, ließ Antoine de Saint-Exupéry von der Lyrik nicht ab, denn ihre wehmütige Melodie konnte seiner bangen Seele, jenem rastlosen Geist, von dem diejenigen sprechen, die ihn gekannt haben, Linderung verschaffen. Besser noch: Könnte man nicht sein ganzes Werk als ein einziges Poem auffassen? In der Art, wie Jean Cocteau dies für sein Schaffen tat, ließe sich der »Südkurier« der »Roman-Poesie« zuordnen und alle Zeichnungen der

»grafischen Poesie«, seine Drehbücher könnten als »Kino-Poesie« gesehen werden … Und ist nicht »Der kleine Prinz« ein poetisches Märchen, *Citadelle* (»Die Stadt in der Wüste«) ein Prosagedicht? Denn selbst dann, wenn er auf Erfahrungen oder persönliche Erinnerungen zurückgreift, deutet er sie um und transzendiert sie. Es gibt niemanden, der weniger Realist ist als dieser Mensch. André Maurois – mit dem Saint-Exupéry während seines amerikanischen Exils häufig zusammenkam und der, wie er selbst, für die Gaullisten ein schwarzes Schaf war – sagte: »Der Mensch der Tat ist vor allen Dingen ein Dichter.« Eine Definition, die auf Antoine de Saint-Exupéry (und im Übrigen auch für André Malraux) genau zutrifft.

Lesen wir noch, was Joseph Kessel zu sagen hat, der ebenfalls ein Freund von Saint-Exupéry war: »Ich bin vielen Männern begegnet, die zugleich Männer des Wortes und Männer der Tat waren. Doch stets hemmten diese zwei Persönlichkeiten einander und quälten sich gegenseitig. Stets vermischten sich die beiden Gesichter und verschmolzen miteinander. Nur einsam über Wüsten, Dschungel und Pampas waren der Autor von Nachtflug und der Luftpostbote zugleich ganz Schriftsteller und ganz Pilot.«[17]

Er war ein Mensch, der festen Boden unter den Füßen, die eigene Schwere und Zwänge nicht ertragen konnte; mit der Seele eines zu rasch aufgeschossenen Jungen, eingesperrt im Körper eines Riesen, der sich mit aller Kraft dagegen wehrte, sich in eine Welt zu fügen, in der er sich nicht wiedererkannte, eine brutale, materialistische, unmenschliche Welt. Um ihr zu entfliehen, flog und schrieb er, schrieb und flog er, bis zum Schluss.

II Der Mann, der die Frauen liebte

Man sollte nicht meinen, dass mir als literarischem Archäologen bei der Spurensuche die Dokumente nur so in den Schoß gefallen wären. Im Gegenteil, manches musste mühsam erkämpft werden, wie der Brief von Antoine de Saint-Exupéry an Louise de Vilmorin vom November 1933 aus Perpignan beispielsweise.

Am Beginn unserer Zusammenarbeit hatte mir Olivier d'Agay erklärt, dass die Jagd auf Manuskripte, Zeichnungen und Briefe von Saint-Ex, die mal hier mal da auftauchen, einen Großteil der Arbeit der Succession Saint-Exupéry–d'Agay ausmacht und gleichsam zum Tagewerk gehört. So ist das, wenn Literatur und Geschäft miteinander einhergehen …

Die Gesetzgebung im Literaturbereich ist eindeutig und strikt: Der Inhaber eines literarischen Dokuments besitzt tatsächlich nur den materiellen Träger. Er kann sein Dokument zwar, wann auch immer er es für richtig hält, wem auch immer überlassen, er muss dies aber im Falle einer etwaigen Ausfuhr ins Ausland dem Kultusministerium anzeigen und von diesem eine Genehmigung dafür erhalten. Allerdings kann, wenn das betreffende Dokument als nationales Kulturgut eingestuft wird, die Ausfuhr auch untersagt werden. Dadurch sinkt sein materieller Wert, aber die Chancen stehen außerordentlich gut, dass der Staat in diesem Fall als Käufer auftritt.

Andererseits kann derjenige, der das Urheberpersönlichkeitsrechts des Autors erbt, darum bitten, über den Inhalt eines Dokuments informiert zu werden; die Entscheidung unterliegt der Bereitwilligkeit des Inhabers und geht mit keinerlei Verpflichtung seinerseits einher. Es ist also, sagen wir, eine Frage des Fairplay. Alsdann kann der Erbe – ebenfalls im Einvernehmen mit dem Inhaber – beschließen, das Dokument im Interesse der Forschung über diesen Autor und der Kenntnisse um sein Leben und Werk zu veröffentlichen.

Unter den Händlern von Handschriften sind zwei Positionen verbreitet: Während die einen meinen, dass der Geldwert eines Dokuments höher ist, solange sein Inhalt in vollem Umfang unveröffentlicht bleibt, halten die anderen dagegen, dass ein wenig Publicity um seine Relevanz den Wert eigentlich nur erhöhen kann. Im Falle der Verbreitung eines Briefes muss zusätzlich der Anspruchsberechtigte des Adressaten/der Adressatin informiert und dessen Bewilligung eingeholt werden – das verlangt der Schutz des Privatlebens.

Zu dem Zeitpunkt, als ich begann, mich mit der Liebesgeschichte zwischen Louise und Antoine zu beschäftigen, teilte mir die Succession mit, dass einige unveröffentlichte Briefe der frisch Verliebten von einem einschlägigen Handschriftenhändler im Quartier Latin gerade zum Verkauf angeboten wurden. Ich kontaktierte den Kunsthändler, doch der verweigerte jede Aussage über ihren Inhalt mit dem Hinweis, dass es erst der Einwilligung des etwaigen Käufers bedürfe. Dafür muss man wissen, dass Manuskripte aus der Feder von Saint-Exupéry bei den Franzosen – neben denen von Rimbaud, Proust oder Céline – zu den am höchsten gehandelten überhaupt gehören: Das nichtigste, von ihm handsignierte Papier ist tausende Euro, ein bedeutendes Manuskript mehrere 100.000 Euro wert. Der Brief, der uns interessierte, kostete allein 11.000 Euro! Die Succession, die jeden Tag Angebote bekommt, ist natürlich nicht in der Lage, alles zu kaufen. Sie sah sich außerstande, diese Summe zum erforderlichen Termin aufzutreiben. Es war Sommer, die Urlaubszeit nahte, der Händler wollte bald in die Ferien. Ich hatte den Brief inkognito gelesen und fand den Inhalt wichtig für meine Geschichte. Was sollten wir also tun? Wir konnten keine Anzahlung machen, wollten aber auch nicht auf den Schulstart im Herbst warten. Und mit jedem weiteren Tag, der verging, erhöhte sich das Risiko, dass sich ein Käufer fand …

Plötzlich hatte ich die Idee, mich an die Unternehmensstiftung der Post zu wenden, deren Direktorin Dominique Blanchecotte ich gerade auf einem Literaturfestival im provenzalischen Manosque kennengelernt hatte. Die in Verlegerkreisen wohl bekannte Poststiftung verfolgt den Zweck, die Verbreitung schriftlichen Kulturguts, insbesondere von Korrespondenzen zu fördern. Ein derartiger Fall – dass der Kauf eines noch nicht publizierten Briefes unterstützt werden sollte – war noch nie vorgekommen. Doch man gewährte mir ein ausgesprochen offenes und aufmerksames Ohr und das Geschäft kam tatsächlich zustande. Mit der in letzter Sekunde freigegebenen Subvention konnte die Succession den Brief kaufen und ich ihn im *Figaro* publizieren. Später wurde er in ein kleines Bändchen mit unveröffentlichten Texten aufgenommen.[1] Schließlich überließ die Succession den Brief zum Dank der Poststiftung als Dauerleihgabe. Heute ist er im Postmuseum ausgestellt, in einem Saal zum Thema Luftpost, in dem Saint-Exupéry schon vorher zu Hause war.

Abgesehen von seiner hohen literarischen Qualität und seiner Schönheit war mir dieser Brief als ein Meilenstein für das Verständnis der Geschichte zwischen Saint-Exupéry und seiner »geliebten Loulou« erschienen. Er belegt, dass das Liebesgefühl auch zehn Jahre nach den gescheiterten Hochzeitsplänen weiterbestand, zumindest bei ihm. Niemand vergisst seine erste große Liebe … Für mich jedenfalls bildete die Liebesgeschichte mit Louise de Vilmorin den Auftakt für die Erforschung von Saint-Exupérys Frauenbeziehungen, die ja nicht nur unendlich kompliziert und zahlreich waren, sondern auch grundlegend für das Verständnis seines Innenlebens, seines Lebensweges und seines Werkes.

*

Im Sommer des Jahres 1923 erleben in Reconvilier im Schweizer Jura Antoine de Saint-Exupéry und Louise de Vilmorin, genannt Loulou – beide zusammen kommen gerade mal auf vierundvierzig Lebensjahre – einige Tage idyllischen Glücks (die fast schon ihre letzten sein werden). Louise ist hierhergekommen, um einen hartnäckigen Schnupfen auszukurieren, und wird, wie zu jener Zeit in den besseren Kreisen üblich, von einer Anstandsdame begleitet. Antoine reist ihr nach. Da er knapp bei Kasse ist – ein Zustand, der sich zeit seines Lebens, auch als er berühmt ist, nicht ändern wird –, muss er seine Kodak-Kamera verkaufen und obendrein muss seine Mutter Marie einspringen, um die Reise zu finanzieren. Ein Unterfangen also, das weder den Ruch des Verbotenen noch des Anstößigen hat, gleichwohl man sich unschwer vorstellen kann, dass die beiden jungen Leute nichts ausgelassen haben dürften, um die Anstandsdame Mademoiselle Petermann abzuschütteln …

Antoine und Louise sind offiziell seit Ende 1922 verlobt. Ihr Versprechen haben sie sogar mit einem Familienschmuckstück besiegelt, einer »bescheidenen« einreihigen Perlenkette. Die Hochzeit ist für Ende Oktober/Anfang November geplant. Im Moment jedenfalls schweben sie im siebten Himmel. Es seien »die schönsten Tage [ihres] Lebens« gewesen, wird Louise später sagen, als sie sich nach vielen Jahren an diese Zeit zurückerinnert.

*

*Die französische Schriftstellerin, Dichterin und Journalistin Louise
Lévêque de Vilmorin im Jahr 1955, © ullstein bild, Roger Viollet*

Louise ist nicht Antoines erste Liebe. Als Jugendlicher hatte er sich zunächst in Odette de Sinety verliebt, die aus einer mit ihm väterlicherseits verwandten Familie stammte. Marie de Saint-Exupéry hatte, um die Einsamkeit ihres Witwendaseins etwas erträglicher zu machen, die Nähe zur Familie ihres verstorbenen Mannes gesucht und war 1909 mit ihren Kindern nach Le Mans gezogen. Sie bleiben bis 1914 dort. Antoine geht in die Jesuiten-schule Notre-Dame-de-Sainte-Croix, doch es gefällt ihm dort nicht. Die Sinetys laden die Cousins auf ihr Schloss in Sillé-le-Philippe nördlich von Le Mans ein. Die Kinder spielen zusam-men. Freundschaftsbande werden geknüpft. Und wie es scheint, verknallt sich Antoine in die drei Jahre ältere Odette. Paul de Si-nety, der Großneffe von Odette, erzählt: »Es existiert ein Foto mit zwei Jugendlichen, die auf einem Teich paddeln. Die Fami-lienlegende besagt, Antoine de Saint-Exupéry habe sogar um die Hand von Odette angehalten, aber ihr Vater lehnte ab mit der Begründung, er sei keine besonders gute Partie!«[2] Dagegen kann sich Marc Mahuzier, ein Vetter zweiten Grades von Paul de Si-nety und ein Enkel Odettes, der ihr »sehr nahe stand«, nicht er-innern, die Geschichte mit dem Heiratsantrag jemals aus ih-rem Munde gehört zu haben. 1982, im Alter von fünfundacht-zig Jahren, vertraute Odette ihre Erinnerungen an Antoine de Saint-Exupéry einem damals blutjungen Journalisten namens Patrice Guillier an, der für die Regionalzeitung *Le Maine libre* schrieb. Dieser war im Übrigen so freundlich, mir den schönen Artikel über die alte Dame in seinem Archiv herauszusuchen, in dem sie behauptet: »Es ist, als wäre es erst gestern gewesen.«

Odette de Sinety erinnert sich an Antoine als einen »damals schon sehr romantischen und literarisch versierten Menschen«, der »Gedichte und Tragödien schrieb und immer wieder dar-auf drängte, sie uns vorzulesen. [...] oft verfolgte er mich mit seinen Ergüssen in den Händen und trug sie laut vor«. Antoine war für die Reize jener drei Jahre älteren »bildhübschen blonden jungen Frau mit den funkelnden Augen und dem bezaubernden Lächeln« empfänglich und verfasste zwei Gedichte für sie: *Mort du cygne* (»Tod des Schwans«) – in der Provence, aus der Odettes Familie stammte, wurde der Schwan Sinety genannt und war ihr Wappentier – und *Mon joli pont* (»Meine schöne Brücke«). Er schrieb sie in Schönschrift in zwei von Odettes »Mädchen-Tagebüchern«, die diese daraufhin sorgfältig aufbewahrte. Das erste, stark von Lamartine beeinflusste Gedicht ist mit der Zeichnung eines auf einem Teich schwimmenden Schwans im Profil verziert.

Der Schwan hat sich verletzt; sein rotes Blut färbt
Die Pracht seines Wesens; er richtet sich wieder auf
Und mit sagenhafter Kraft, immer noch bebend,
Klammert er sich an das Leben; will seine Tage erleben.[3]

Es existiert noch ein weiteres, recht erstaunliches Foto, das bei einem Maskenball im Garten des Hauses der Saint-Exupérys in der Rue Clos-Margot in Le Mans aufgenommen wurde: Antoine ist als eleganter Marquis aus dem 18. Jahrhundert verkleidet und tanzt mit einer sehr vergnügten Odette, die ihn um ein Haar überragt; zwischen die beiden hat sich Elzéar geschummelt, Odettes jüngerer Bruder und Großvater meines Freundes Paul.

Es sind Momentaufnahmen einer fröhlichen Kindheit und einer Freundschaft, die umständehalber auseinandergehen sollte. Schon bald wird Antoine in ein anderes Internat in die Schweiz geschickt. Doch für ihn dürfte diese Episode – ohne sie zu sehr aufwerten zu wollen – der erste Fehlschlag in Liebesdingen, ein erstes traumatisches Erlebnis gewesen sein. Umso wichtiger war es nun, dass es diesmal mit Louise klappte.

*

Mit überschwänglicher Begeisterung und verliebt bis über beide Ohren adressieren Antoine und Louise an Madame de Saint-Exupéry zärtliche und spleenige Briefe, die sich zuweilen lyrisch geben. So schreibt Loulou am 21. August einen Brief an Marie, die sie mit *Madame chérie* anspricht, um sich für die ihr erwiesenen Freundlichkeiten zu bedanken und sie über ihre Gefühle für ihren Sohn in Kenntnis zu setzen: »Ich möchte Ihnen sagen, dass ich Antoine mit einem großen, wahrhaftigen Gefühl liebe und dass mein Leben und all meine Gedanken ihm gehören.«[4] Klarer kann man sich nicht ausdrücken. Und graziös fügt sie hinzu: »Wenn wir verheiratet sind, werden wir für Sie die zärtlichsten Kinder der Welt sein.« Der Brief vom 24. August ist recht ungewöhnlich: Er gleicht einer Art *Cadavre exquis* – einem vor allem bei den Surrealisten beliebten Spiel mit gefaltetem Papier, bei dem ein Satz oder Bild von mehreren Teilnehmern hergestellt wird, ohne dass derjenige, der an die Reihe kommt, weiß, was der Vorgänger gemacht hat – und wurde von Antoine und Loulou im Wechsel geschrieben.

24. August 1923

Liebste Madame,

[Louise] Sie waren so freundlich, mir Antoine zum Geburtstag zu schicken. Wir sind so dankbar für diese Tage, die wir Ihnen zu verdanken haben. Antoine vergöttert Sie, ich auch, und wir halten Sie für die Liebenswürdigkeit in Person. Wenn ich nicht so schüchtern wäre, hätte ich es Ihnen schon längst gesagt, aber ich habe mich nicht getraut. Ich wollte warten, bis Antoine es mir erlaubt. Wir waren noch nie so glücklich.

Wenn wir verheiratet sind, kommen wir Sie immer besuchen, und wir [Antoine] werden so lieb sein, dass es Sie rühren und trösten wird. Ich reise in zwei Stunden ab, doch Loulou weiß nicht, ob sie mich nach St-Maurice oder nach Paris schicken soll. Loulou ist wütend, dass ich das schreibe, weil es nicht wahr ist – ich nehme also alles zurück. Wahr ist aber, dass meine Anwesenheit in Paris vielleicht D. V. antreiben könnte, und die Meinung meiner Frau ist wertvoll, denn sie ist eine intelligente Person, die mich liebt und D. V. gut kennt.

Loulou liebt Sie sehr, ich auch. Es regnet, aber wir sind sehr zufrieden – sehr zufrieden. Wir umarmen Sie zärtlich, meine kleine Mama[5]. Und ich umarme Loulou von Ihnen, und sie umarmt mich von Ihnen.

Ihr getreuer Sohn

Antoine

[Louise] Ich rate Antoine, nach Paris zu gehen, weil ich D. V. kenne und denke, dass ihm geholfen wird. Seien Sie mir nicht böse, liebste Madame, das würde mir großen, großen Kummer bereiten, doch ich schätze, dass es zu unserem Besten ist …

Antoine umarmt mich von allen Seiten, ich kann Ihnen nicht mehr schreiben.

Ihre kleine geliebte Tochter

Loulou[6]

Abgesehen von ihrer Dankbarkeit für jene Momente verliebter Privatheit, die *Madame chérie* zuvorkommend ermöglicht hat, und wechselseitigen Zärtlichkeitsbekundungen setzen sich die zukünftigen Eheleute ernsthaft mit der Zukunft von Antoine auseinander, der weder Einkünfte noch genaue Pläne für seine berufliche Laufbahn hat. Ein Freund der Familie Vilmorin, der ehemalige Arbeitsminister Vincent Charles Daniel-Vincent, wurde ersucht, eine Anstellung in Paris für ihn zu finden. Natürlich unter der Bedingung, dass der junge Mann sein behütetes Zuhause in Saint-Maurice-de-Rémens aufgibt, um sich endgültig in der Hauptstadt niederzulassen. Loulou, die oft als leichtfertige, verspielte, ja oberflächliche Person dargestellt wird,

legt in dieser Situation Reife und einen gesunden Menschenver-
stand an den Tag und kompensiert, was ihrem Verlobten seltsa-
merweise vollkommen abzugehen scheint. Sie setzt sich für Paris ein und fügt in einem anderen Brief hinzu: »Meiner Ansicht
nach muss Antoine ein bisschen aufgerüttelt werden.« Da lag sie
wohl nicht ganz falsch.

Antoine de Saint-Exupéry lernte die um zwei Jahre jüngere Louise de Vilmorin († 1969) im Jahr 1920 kennen, vermutlich über
seinen Freund Honoré d'Estienne d'Orves, der mit den Vilmorins verwandt war. D'Estienne d'Orves und Saint-Exupéry hatten sich gleichzeitig für die Aufnahmeprüfung der Marineakademie vorbereitet, durch deren mündlichen Teil der zukünftige
Pilot 1919 noch durchfiel. Sie gehörten beide einem mondänen Zirkel von Adeligen und Bohemiens an, der Gruppe Bos-
suet, benannt nach der Bossuet-Schule in der Nähe des Jardin
du Luxembourg, an der mehrere Mitglieder Internatsschüler
gewesen waren. Unter ihnen befanden sich auch Bertrand de
Saussine, ein Cousin von Antoine, und Olivier de Vilmorin, einer der Brüder von Louise. Die Familie Vilmorin gab Empfänge
in ihrem Stadtpalais in der Rue de la Chaise, nicht weit von jenem Faubourg Saint-Germain entfernt, wo Proust am Ende seines Lebens wohnte, dessen letzte Muse Louise war, die in ihrem Zimmer im obersten Stockwerk über ihre schwächelnde
Gesundheit wachte. Sie besaßen außerdem ein Schloss auf dem
Land, das Château de Verrières-le-Buisson.
    Antoine verliebt sich erst 1922 richtig in Louise. Gefühle und
literarische Neigungen vermengen sich. Er schreibt Gedichte
und hat bereits weitere literarische Projekte im Kopf, darunter eine Novelle, die in der *Nouvelle Revue Française* erscheinen
soll. Louise ahnt nicht, dass sie einmal Schriftstellerin werden
wird, liest viel und verkehrt in den feinen Pariser Literaten-

kreisen. Trotz familiärer Vorbehalte nimmt ihre Liaison rasch konkrete Form an. Die Saint-Exupérys nehmen sich als Landjunker, die sich im Beamtenwesen hervorgetan haben, gegenüber den reichen und mondänen Vilmorins ein bisschen wie die »arme Verwandtschaft vom Lande« aus. Gilt Antoine somit abermals als schlechte Partie und die Verbindung als nicht standesgemäß? Wie dem auch sei, das Liebespaar scheint alle Hürden genommen zu haben, insbesondere auch den Widerstand seitens des »Anführers der Brüder« überstanden zu haben, von dem Jean Cocteau (ein weiterer enger Jugendfreund von Louise) sehr beeindruckt war.

Ende 1922 feiern Antoine und Loulou Verlobung. Die Hochzeit ist für Ende 1923 geplant. Vincent Charles Daniel-Vincent hat sein Wort gehalten und eine Anstellung für Antoine gefunden. Mehrere Monate lang arbeitet er in der Ziegelei Boiron mit Sitz in der Rue du Faubourg-Saint-Honoré 52, deren Erzeugnisse er prüft. Doch er langweilt sich zu Tode und kann es kaum erwarten, zu den geliebten Flugzeugen zurückzukehren – seiner großen Leidenschaft.

Eine Leidenschaft, die Louise allerdings mit Sorge erfüllt. Nicht ganz ohne Grund sah sie sich nicht in der Rolle der »künftigen Witwe« eines Fliegers, die im gemeinsamen Heim auf die Rückkehr des Gatten wartet und vor Sorge vergeht, sie ahnte, dass er halsbrecherisch war. Schon während seines Militärdienstes im Januar 1923 hatte er am Flughafen Le Bourget einen Unfall – bereits der zweite einer langen Reihe –, als er am Steuer einer Hanriot HD 14 saß, die er gar nicht hätte fliegen dürfen. Sogar die Zeitungen hatten berichtet, dass ein Oberleutnant »Santupéry« schwer verwundet wurde. Tatsächlich kommt er mit einer Schädelfraktur davon und ist nach nur zwei dienstfreien Wochen wieder auf den Beinen! Loulou verzeiht ihm, allerdings unter der Bedingung, dass er ihr zuliebe die gefährliche Fliegerei aufgibt. Das verspricht er auch. Schlau wie sie ist, dürfte sie jedoch geahnt haben, dass er nicht lange durchhalten würde. Doch sie sieht darüber hinweg. Ihre Liebe scheint stärker zu sein als alles andere ...

Unterdessen hat der Vilmorin-Clan, wie es scheint, seine Angriffe gegen den hoch aufgeschossenen, etwas linkischen Jungen, dem sie den Namen »unschlüssiger Dickhäuter« verpasst hat, weitergeführt. Zudem kommen seine permanenten Geldschwierigkeiten auf schmerzliche Weise wieder aufs Tapet. Wie dem auch sei, klar ist, dass Loulou Antoine zum Zeitpunkt der geplanten Hochzeit um eine Verschiebung derselben um einige Monate bittet. Sie hält ihn hin. Und so dämmert ihm langsam, dass ihre Liebe ins Wanken gerät. In der Weihnachtszeit 1923 reist er seiner Verlobten nach Biarritz nach, wohin sie sich zurückgezogen hat, »um die Dinge für sich zu klären«. Aber es gelingt ihr nicht. Loulou trennt sich zwar nicht, kann sich aber ebenso wenig zu einer Heirat durchringen und entzieht sich ihm. Antoine ist verletzt und schreibt seiner Mutter, sie möge ihn nicht mehr auf diese Liebesgeschichte ansprechen, er selbst habe sich vorgenommen, alles zu vergessen. Aber das kann er nicht, im Gegenteil, zeit seines Lebens wird er mit Loulou einen sentimentalen, ja amourösen Briefwechsel führen. Ganz so, als wäre die junge Frau, die seit 1925 in erster Ehe mit dem Amerikaner Henry Leigh-Hunt verheiratet ist, ewig seine Verlobte geblieben. Und obwohl ihre Briefe bis heute nicht aufgetaucht sind, weiß man, dass sie ihm geantwortet hat. »Liebste Loulou, heute bekomme ich Deine Briefe vom 5. und 11. Mai, und meine Ergriffenheit ist grenzenlos«, schreibt er beispielsweise im November 1933.[7] Louise de Vilmorin lebte trotz ihrer vielen berühmten Freunde still und leise ihr Leben und schuf ihr eigenes literarisches Werk. So war sie unter anderem die Lebensgefährtin von André Malraux, der von 1969 bis zu seinem Tod 1976 in der Residenz der Vilmorins in Verrières-le-Buisson lebte. Malraux, ein Jugendfreund, der inzwischen berühmt geworden war und dem sie in vorgerücktem Alter wieder begegnete, hatte dafür gesorgt, dass Louises erstes Buch, der Roman *Sainte-Unefois*, 1934 bei Gallimard erschien.

Louise de Vilmorin wurde nachgesagt, sie sei flatterhaft, mondän, oberflächlich, grausam – intelligent und herzlos gewesen. Doch auch sie konnte den von ihr abgewiesenen Verehrer Antoine nie wirklich vergessen.

Uns liegen Briefe von Saint-Exupéry an Louise de Vilmorin aus den Jahren 1926, 1927, 1929, 1931 und 1933 vor. Es soll auch welche aus dem Jahr 1939 geben. Sie wurden in Paris, Dakar, Casablanca und Perpignan geschrieben, je nachdem, wohin es den Piloten gerade verschlagen hatte. Antoine beschreibt darin in sehr vertraulicher Weise seinen Alltag, wie man einem Freund oder einer Freundin schreibt, mit dem oder der man sich erst gestern noch getroffen hat. Gelegentlich bittet er um literarischen Rat, immer endet er mit der Bitte, dass Loulou ihm antworten möge.

Im April 1929 etwa schreibt Antoine ihr diese anrührenden Sätze: »Das soll nicht heißen, dass ich Dich vergessen werde – denn das ist unmöglich, das muss ich mir voller Wehmut eingestehen. Aber ich werde es nicht mehr darauf anlegen, Dich zu sehen, denn unabsichtlich tust Du mir doch sehr, sehr weh. […] ich sage es ohne Bitterkeit, das schwöre ich Dir. Ich bin nur dieser Liebe böse, die sich als langwierige Krankheit entpuppt …«[8] Und am Ende desselben Jahres bittet er sie in einem Exemplar seines ersten Romans »Südkurier« flehentlich darum, sie möge ihn »nicht zu sehr vergessen«.

Ein weiterer Brief von Antoine an seine *Loulou chérie*, der ganz sicher auf November 1933 datiert werden kann, wurde auf abenteuerlichen Wegen wiedergefunden. Weil er bei der neu gegründeten Luftverkehrsgesellschaft Air France keine Anstellung bekommen hat, verdingt er sich, von Geldsorgen in Bedrängnis geraten, als Testpilot für Wasserflugzeuge bei der

Firma Latécoère. Erst ist er in Toulouse tätig, dann in Saint-Laurent-de-Salanque bei Perpignan, schließlich in Saint-Raphaël, einen Katzensprung vom Schloss d'Agay entfernt, wo seine jüngste Schwester Gabrielle mit ihrem Mann Pierre d'Agay (einem gemeinsamen Freund aus der Kindheit) und ihren Kindern lebt. Am 21. Dezember 1933 entgeht Saint-Exupéry in der Bucht von Saint-Raphaël ganz in der Nähe nur knapp dem Tod in den Fluten, nachdem er bei der Landung seines Wasserflugzeugs einen Steuerungsfehler gemacht hatte. Wenige Wochen vorher hatte er Louise einen großartigen, sehr poetischen Brief geschrieben, in dem er viele Zweifel, aber auch Zukunftspläne äußert. Nebenbei bemerkt kommt das Buch, an dem er zu jener Zeit arbeitet, erst 1939 in die Buchhandlungen; es handelt sich um *Terre des hommes* (»Wind, Sand und Sterne«).

Perpignan [November 1933]

Liebste Loulou, heute bekomme ich Deine Briefe vom 5. und 11. März, und meine Ergriffenheit ist grenzenlos. Ich hatte keinerlei Lebenszeichen von Dir seit Deiner Abreise. Dabei hatte ich nach Y.'s Abreise, was Briefe anbetraf, alles arrangiert, aber nie kam etwas. Und ich hatte so große Angst, Dich aus Deinem Schweigen aufzustören, wenn Du es doch vorzogst, zu schweigen. Es ist so schmerzlich, einen Brief zu erhalten, der nichts weiter ist als eine quasi abgerungene Antwort. Aber jetzt bist Du mir wieder präsent, wie neugeboren. Es ist ein Wunder. Wie soll ich Dir dafür danken?

Aber mittlerweile weiß ich auch, Loulou, dass ich Dir nicht schreiben kann. In Deiner Nähe kann ich nur schweigen. Weißt Du, eine Landschaft spricht und die Quellen und die Vögel und das Blattwerk. Aber unversehens tritt tiefe Stille ein. Eine erstaunliche Stille. Und jedes Mal kommt es mir vor, als betrete ein unsichtbarer Besucher sein Reich und setze seinen Fuß aufs Gras, in dem alle Grillen plötzlich vor Ergriffenheit verstummen, wie auch die Vögel in den Bäumen. Auch die Winde erweisen Respekt. Nichts rührt sich mehr. Und genauso ergeht es mir, wenn Du Dich näherst. Wie all meine Regungen von Zärtlichkeit, von Sehnsüchten, all meine Klagen da verstummen! Und all die Bilder, die in mir vorüberzogen, ohne Wenn und Aber empfange ich Dich. Und gleichzeitig habe ich Angst, Angst, dass Du Dir sagst: wie still diese Landschaft doch ist, wie mich dieses Reich anödet, wie spärlich diese Quellen singen. Und schon machst Du kehrt, Dein Gewand schleift übers Gras, und Du weißt nicht einmal, dass allein sein Darüberstreichen alles zum Schweigen gebracht hatte.

Du weißt nicht, dass gleich danach das Grillenvölkchen jammert: Sie hat unser Klagelied nicht einmal vernommen! Und die Vögel: Sie hat unser Singen nicht gehört! Und die Winde: Sie kennt unsere Stärke nicht! Sie weiß nicht, wie heftig wir sein können! Sie alle beklagen sich, doch kehrtest Du zurück, würde unweigerlich alles wieder verstummen. Das, ja das tut mir weh.

Ich schicke Dir zwei Kleinigkeiten, die ich geschrieben habe. Es ist merkwürdig, aber ich habe mehr und mehr den Eindruck, dass ich unbehaust bin im Leben (was nicht heißt, dass ich es ausspreche) und dass mein Blick auf die Dinge nicht besser, aber anders geworden ist, mehr von außen. Mir ist, als sähe ich einem Spiel zu, das mir nur zum Teil verständlich und manchmal auch ganz nett ist, aber ich schaue eben nur zu. Jedes Mal wächst in Bezug auf Zustimmung oder Ablehnung meine Indifferenz ein bisschen mehr ins Immense. Jedes Mal ist es mir noch ein wenig immenser egal, was man über mich denkt. Mir ist, als sei ich schon zur Hälfte fort, auf Reisen. Es gibt so wenig Menschen, auf die ich mich einstimmen kann. Du, Loulou. Wie schwer Du wiegst, Du!

Sag mir, ob Dir meine zwei kleinen Sachen gefallen, eine ist noch nicht veröffentlicht: Es braucht nicht viel Zeit, sie zu lesen! Tu es mir zuliebe.

Zu meinem Leben nur dies: Ich teste Flugzeugprototypen im Werk Latécoère. Es ist nicht ungefährlich, aber auch das ist mir inzwischen immer gleichgültiger geworden, nicht aus Lebensüberdruss, sondern aufgrund dieses wunderlichen Zuschauergefühls, das Leben erscheint mir so provisorisch (ohne dass ich so recht wüsste, warum, denn es ist mir unmöglich, an etwas zu glauben). Aber es ist so. Meine einzige Ungeduld bist Du. Deinetwegen sind die, die des Weges kommen, ein wenig verbittert, ihr Soll nicht erfüllt zu haben, man wird eben älter. Aber mein Beruf ist schlecht bezahlt (7.000 pro Monat) und erlaubt mir nicht, meine Schulden abzutragen. Aber es ist wahrscheinlich, dass ich erstens sehr bald schon nach Venezuela aufbreche, mit der Aussicht auf viel Gold, und zweitens ein Buch schreibe, nicht schnell, es ist sehr schwierig, aber ich schreibe dran.

Wenn es mit Venezuela klappt, werde ich Dir bestimmt eine Reise schenken können, aber, da das Leben traurig ist, werde ich Dich dabei nicht einmal sehen! Aber ich würde mich schon um vieles besser fühlen, Dich unterstützen zu können.

Wenn das nicht klappt, weiß ich auch nicht weiter. Aber ein paar Goldzuflüsse sind möglich. Leider nur möglich. Wir werden ja sehen, vielleicht haben wir ja ein wenig Glück?

Aber sollte bis Juni alles noch dagegen sprechen, sollst Du, Loulou, heute schon wissen, dass ich darüber untröstlicher sein werde als Du.

Jetzt muss ich mich entschuldigen, mit Dir darüber so gesprochen zu haben. Obgleich es lächerlich ist, für Dich wie für mich, sich zu entschuldigen. Da geht es doch um etwas, das meilenweit entfernt ist von dieser Welt des Mittelmaßes.

Sag Dir heute Abend ganz leise zum Einschlafen, dass jemand Dich liebt.

Antoine

Poste restante Toulouse Haute-Garonne[9]

48

Aus dem venezolanischen Eldorado wurde übrigens nichts; unklar ist auch, was es mit dem Reiseprojekt von Louise auf sich hatte. Doch wir wissen hingegen, dass es für die Vorsichtsmaßnahmen, die Saint-Exupéry für seine Briefe traf (postlagernde Sendungen und andere), einen eindeutigen Grund gab: Seit April 1931 war er mit Consuelo Suncin Sandoval verheiratet. Er hatte sie ein Jahr zuvor in Argentinien kennengelernt.

*

Nach Louise und noch vor Consuelo gab es im Leben von Antoine de Saint-Exupéry allerdings noch weitere Frauen, sogar ziemlich viele, wie es scheint.

Es waren vor allem flüchtige Affären mit Damen, die er beinahe respektlos beschrieb als »die Colettes, die Paulettes, die Suzys, die Daisys, die Gabys – Serienanfertigungen, die nach zwei Stunden langweilen. Sie sind wie Wartezimmer«. In den 1920er Jahren verkehrte er in recht zwielichtigen Etablissements auch mit Prostituierten. Von dieser Zeit zeugt sein Kurzroman *Manon, danseuse* (eigentlich eine Novelle), der erst 2007 entdeckt wurde.[10]

Im Winter 1923/24 begann Saint-Exupéry, der bis dahin ausschließlich Gedichte geschrieben hatte, Prosa zu verfassen, und es lässt sich vermuten, dass er sich zu jener Zeit an die Niederschrift von »Manon, Tänzerin« machte. Wie es später seine übliche Arbeitsmethode werden sollte, schrieb er unzählige Fassungen nieder und redete so lange auf seine Freunde ein – so Louis de Bonnevie, Marc Sabran oder Charles Salles –, bis er ihnen Ausschnitte daraus vorlesen konnte. Diese Manie, Textpassagen, die er bearbeitete, laut vorzulesen, behielt er sein Leben lang. Das hatte den Effekt, dass viele ihm nahe stehenden Menschen es als regelrechte Bürde empfanden.

Er erwähnt das Werk auch in seinen Briefen, etwa in denen an seine Mutter Marie, zeitlebens seine wichtigste Vertrauensperson, der er nicht ohne Stolz ankündigt: »Die Hälfte meines Romans ist fertig, Mama. Ich glaube wirklich, das ist etwas Neues und Konzises.«[11]

Saint-Exupéry treibt sich aber nicht nur in Pigalle herum. Er verkehrt im Salon seiner Cousine und »literarischen Patentante« Yvonne de Lestrange, die ihn insbesondere mit ihren Freunden André Gide und Jean Prévost bekannt macht – Gide legte später immer ein gutes Wort bei Gallimard für ihn ein und schrieb 1931 auch das Vorwort für »Nachtflug«. Antoine und Jean sind gleichaltrig (Prévost ist Jahrgang 1901) und werden gute Freunde. Prévost ist im literarischen Milieu gut etabliert (zur Erinnerung: Er ist Sekretär in der Redaktion der Zeitschrift *Le Navire d'argent* von Adrienne Monnier, bei der er 1926 Antoines Novelle *L'Aviateur* [»Der Flieger«] veröffentlichen lässt) und sorgt dafür, dass der Verleger Gaston Gallimard den Text »Manon, Tänzerin« auf den Schreibtisch bekommt. Der zeigt sich interessiert und stellt Saint-Exupéry eine Veröffentlichung in der *Nouvelle Revue Française* in Aussicht – eben jenem Literaturmagazin, mit dem sich der angehende Schriftsteller bei Loulou gebrüstet hatte –, wozu es aber nie kommen wird. Später plant Gallimard einen Sammelband mit vier Erzählungen – »Der Flieger«, »Manon, Tänzerin« und zwei weitere, die er noch verfassen muss –, aber auch dieses Projekt kommt nicht zustande. 1927 vertraut Saint-Exupéry, der inzwischen als Postflieger für die französische Luftverkehrsgesellschaft Aéropostale arbeitet, Yvonne de Lestrange seine Enttäuschung an: »Mir ist egal, ob etwas veröffentlicht wird, er [Gaston Gallimard] war es doch, der *Manon* hatte haben wollen. Den ganzen Wirbel hätte man sich sparen können.«[12] Aber noch in Dakar 1928 fragt er seine gute Fee: »Lass mich wissen, wie es um *Manon* steht.«[13]

Daraufhin scheint Yvonne de Lestrange den Text an André Gide weitergeleitet zu haben, den Mitbegründer der *Nouvelle Revue Française* und im Verlag Gallimard mit allen Befugnissen ausgestattet. Doch es finden sich keine Einträge diesbezüglich, weder in seinen Tagebüchern – hier taucht Saint-Exupéry erst 1931 mit »Nachtflug« auf – noch im »Tagebuch der kleinen Dame« von Maria van Rysselberghe, obwohl sie darin minutiös auflistet, was ihr berühmter Freund alles gelesen hat.

»Manon, Tänzerin« erscheint letztlich weder in der *Nouvelle Revue Française* noch bei Gallimard oder sonst irgendwo. Bis heute wissen wir nicht, warum. Inzwischen hat sich Saint-Exupéry in ein anderes, wesentlich anspruchsvolleres Projekt gestürzt, »ein Ding von 170 Seiten, ziemlich idiotisch«, das er »Südkurier« betiteln wird.

Achtzig Jahre später taucht die Erzählung »Manon, Tänzerin«, von der bis dahin nur ein Fragment von wenigen Zeilen bekannt war,[14] plötzlich wieder auf: in Form eines Typoskripts aus rund vierzig maschinegeschriebenen Seiten, dessen Herkunft schleierhaft bleibt und das sich im Besitz eines Sammlers befindet, der anonym bleiben will. Handelt es sich um jenes Exemplar, das Yvonne de Lestrange damals an André Gide weitergab? Oder um eine weitere Abschrift, die Saint-Exupéry einem oder einer seiner Vertrauten schenkte?

»Manon, Tänzerin« ist ein poetischer Text mit synkopierten Rhythmen, der narrative Elemente mit introspektiven (mehr oder weniger autobiografischen) Passagen und recht lebhaften Dialogen verbindet. Man kann ihn als verfremdete Schilderung der Bohemien-Jugend des Schriftstellers lesen, in der er bereits Aufschluss über seine zukünftigen, sehr komplizierten Frauenbeziehungen gibt: eine Mischung aus Chauvinismus, Zärtlichkeit und Beschützerinstinkt.

Die Erzählung handelt von der Liebesgeschichte zwischen der jungen Nutte Manon und einem traurigen, ernsten Mann von vierzig Jahren, der einen Sinn in seinem Leben sucht. Er beschützt das »arme kleine Ding«, von dem er glaubt, sie sei eine Tänzerin, obwohl sie als Prostituierte arbeitet. Ihre körperlichen Begegnungen sind trostlos, die frühen Morgenstunden trübe.

»Als Erstes tritt sie vor den Spiegel. Darin sieht man, was sich seit gestern Abend abgenutzt hat. Ein Fleck an der Schläfe, weil sie auf ihrer Faust geschlafen hat. Eine Falte zieht sich von der Lippe herab: ›Wie hässlich ich bin.‹ Aus ihrer Handtasche kramt sie das Rouge und den Puder hervor. Sie richtet sich das Haar, malt sich neu an, schminkt sich: ihr rosa Kleid, und dieser Ausschnitt, wie lächerlich. Sie zurrt ihren Mantel eng. Na, siehst du, ein wohlverschnürtes Päckchen, eine Bonbonniere mit Schleife.

Es ist jedes Mal dasselbe.«[15]

*

Doch nicht alle Liebesabenteuer von Saint-Exupéry waren käuflich. Er hatte auch ernsthaftere Liebschaften, platonische wie erotische, freundschaftliche Affären mit zahlreichen Frauen, wie seine umfangreiche Korrespondenz belegt. Stets in demselben zärtlichen, sehnsüchtigen, klagenden Tonfall geschriebene Briefe, die Aufmerksamkeit und Zuneigung für sich einfordern, von denen er nie genug bekommen kann, weil sie ihm ständig fehlen. Und jeder von ihnen klingt, als wäre er sein letzter. So schreibt er 1927 aus Toulouse an Lucie-Marie Decour: »Über mich selbst habe ich uns nichts zu sagen. In mir drin habe ich alles aufgeräumt, wie mein Zimmer, und alle Erinnerungen sind verpackt. Ich habe viel Ordnung gemacht und ziehe los wie ein braves Kind, das zur Schule geht.«[16]

*

Selbst noch, nachdem er mit seinem »Vögelchen der Inseln«, seiner »Rose« Consuelo 1931 vor Gott und vor den Menschen den Bund der Ehe eingegangen ist, flattert »Tonio« weiter wie ein Schmetterling hin und her, besonders während des Krieges. Consuelo hat sich übrigens bei Freunden bitterlich über die Eskapaden ihres Mannes beschwert. Auch wenn für ihn eine Scheidung nicht in Frage kam, da er sich genau wie sein Kleiner Prinz »für [s]eine Blume verantwortlich« fühlte, war das Verhältnis zwischen Consuelo und Antoine immer kompliziert, konfliktgeladen, ja explosiv. Und gewiss auch erschwert durch die Feindseligkeit mit der ein Teil seiner Familie der »Ausländerin« begegnete.

*

Hören wir diesbezüglich die aufschlussreiche Aussage von François d'Agay, Gabrielle d'Agays Sohn und Saint-Exupérys Neffe und Patenkind, Jahrgang 1925. Mit seinem runden Gesicht und den lebhaften Augen hat François, der den Vornamen von Antoines früh verstorbenem Bruder trägt, eine verblüffende Ähnlichkeit mit seinem Onkel. Nachdem er lange in der Erdölförderbranche tätig gewesen und viel herumgekommen ist, hat er sich in Agay in einem der Häuser, eigentlich einem großen Landhaus, niedergelassen, die am Standort des früheren Schlosses errichtet wurden. Die Umgebung ist bezaubernd: Meerblick, kleine Privatbucht, einen Katzensprung von Saint-Raphaël entfernt. Am Tag unseres Treffens schwebt über den Felsen sogar ein rosa Flamingo in den Lüften … François d'Agay ist in die Aktivitäten der Succession sehr stark eingebunden, die er gern im Ausland repräsentiert. Heute ist er das Oberhaupt der Familie und ihr lebendiges Gedächtnis.

»Das Erste, woran ich mich hier in Agay erinnern kann, ist die Hochzeit von Antoine und Consuelo. Das Schloss, das die

Consuelo und Antoine (mit Hund Youki) in Saint Maurice mit
Marie de Saint-Exupéry und Gabrielle d'Agay, Juni 1932
© Succession Saint-Exupéry–d'Agay

Deutschen am 11. November 1943 zerstört haben, war Saint-Exupérys einziges wirkliches Zuhause, nachdem seine Mutter 1932 Saint-Maurice-de-Rémens verkauft und sich in Cabris hinter Grasse niedergelassen hatte. Consuelo war schön, überschwänglich, extravagant, sie blendete uns. Ihr Akzent brachte uns Kinder zum Lachen. Es waren eher die Alten in der Familie, die sich ihr gegenüber feindselig zeigten. Aber nie meine Großmutter Marie, sie hat sie immer in Schutz genommen. Und das, obwohl ihre Tochter Simone sie nicht leiden konnte. Wir sind mit Consuelo zeit ihres Lebens in Kontakt geblieben. Ich bin sogar zu ihrer Beerdigung nach Paris gefahren, wo sie neben ihrem zweiten Ehemann auf dem Friedhof Père Lachaise liegt.«

*

Consuelo, mit Mädchennamen Suncin, Jahrgang 1902, gebürtige Salvadorianerin mit argentinischem Pass, war Witwe des namhaften Journalisten Gómez Carrillo, der sich in Paris niedergelassen hatte. Vorher war sie schon einmal verheiratet gewesen. Und selbst in der Anfangszeit ihrer Ehe mit Saint-Ex führten beide Ehepartner ein eigenständiges Leben. Antoine war aufgrund seiner Tätigkeiten und Einsätze ohnehin ständig unterwegs.

Alle, die Consuelo gekannt haben, beschreiben sie als eine eigenwillige, schwer fassbare Person. Sie gehört zu jener Kategorie von Menschen, über die man sich nur schwerlich eine objektive Meinung bilden kann, da sie die Gemüter schon zu Lebzeiten auf das heftigste bewegt hat und noch heute bewegt.

Anfangs, so in der ersten Biografie über Saint-Exupéry von Pierre Chevrier aus dem Jahr 1949, wurde Consuelos Bedeutung im Leben und für die Kreativität und das Werk ihres berühmten Mannes kleingeredet. Inzwischen fand man allerdings heraus, dass sich hinter Pierre Chevrier in Wirklichkeit Nelly de Vogüé verbirgt, eine Freundin der Familie Saint-Exupéry, die Antoine sehr nahe stand und ihn in den letzten zehn Jahren seines Lebens tatkräftig unterstützte. Als Hüterin seines Andenkens und Herausgeberin seines Buches *Citadelle* (1948) dürfte sie Consuelo wohl kaum ins Herz geschlossen haben … Später versuchten andere Biografen Consuelo zu rehabilitieren und übertrieben nicht selten in die entgegengesetzte Richtung. In unzähligen Büchern kommen die Eheleute als Muster ehelicher Treue und Liebe daher.

Wie so oft liegt die Wahrheit auch hier irgendwo in der Mitte. Zweifellos hat Consuelo im Leben von Saint-Ex eine sehr wichtige Rolle gespielt und ihn nicht nur zur Figur der Rose im »Kleinen Prinzen« inspiriert. Und zweifellos verband beide eine starke Liebe, auch wenn sie nicht exklusiv war … Ab 1936 lebten Antoine und Consuelo zwar noch im selben Haus am Place Vauban 15, aber jeder in seiner eigenen Etagenwohnung. 1938 trennten sie sich offiziell, sahen sich jedoch weiterhin und verbrachten gelegentlich einen Abend zusammen. Antoine bezog sogar ein Studio in der Rue Michel-Ange. 1939 mietete er für Consuelo das Anwesen La Feuilleraie im Wald von Sénart. Dann begann der Krieg. Consuelo reiste ihrem Mann erst Anfang 1942 nach New York nach. Angenommen, Saint-Ex hätte weitergelebt, sein ruheloses Leben weitergeführt und sich auf die ihm ganz eigene Weise ständig neu verliebt, die Bande zwischen den Eheleuten hätten sich sicher stark gelockert. Consuelo starb 1979 in Grasse. Ihre Geschichte, die häufig romantisiert wurde, verschlang viel Papier.

*

Trotz der Eifersuchtsszenen und Consuelos Argwohn hatte Saint-Exupéry in New York erwiesenermaßen mehrere Flirts:

mit Anne Morrow-Lindbergh, der Gattin des amerikanischen Piloten, für dessen französische Ausgabe des Buches *Listen, the Wind* er 1939 das Vorwort schrieb; mit der schönen Nada de Bragance, der Frau eines brasilianischen Prinzen, die er »meine kleine Engels-Feder« nannte; mit der Malerin Hedda Sterne; mit Sylvia Hamilton sowie mit Natalie Paley, einer Romanow und seinerzeit berühmten Schauspielerin, die Cocteau sehr nahe stand.

Mit Saint-Exupéry erlebte Paley eine kurze, intensive Romanze, das belegen sieben auf das Jahr 1942 datierte Liebesbriefe,[17] die bei einer Versteigerung ans Licht kamen. Briefe an »mein Lieb'«, in denen er sie mit »mein Bach voller weißer Kiesel, mein Wasserlauf« anspricht und die sogar einige erotische Szenen enthalten, was bei Saint-Exupéry höchst selten vorkommt, ob erdacht oder erlebt spielt hier keine Rolle: »Kommst Du zu nahe an mein Bett, packe ich Dich mit beiden Händen und schüttele Dich wie einen Baum und zwinge Dich, Deine Früchte herzugeben …«. Dann endet alles mit Worten des Abschieds: »Ich lass Dich jetzt. Ich weiß nichts mehr zu sagen.«[18]

Akribische chronologische Untersuchungen – Saint-Exupéry versah seine Briefe gewöhnlich nicht mit einem Datum – ergaben, dass er manchmal an einem Tag zwei Frauen gleichermaßen feurige Briefe schreiben konnte. Ein Phänomen, das Gérard Egnell, Saint-Exupéry-Spezialist und Sammler, sehr hübsch »geteilte Treue« nennt. Man könnte auch von Parallelliebschaften sprechen, die er zur Befriedigung eines existenziellen Bedürfnisses brauchte: sich einer liebevollen und aufmerksamen Briefpartnerin anzuvertrauen, auch wenn er nicht wusste, welche Antwort er erhalten würde.

So waren es viele Frauen, denen Saint-Exupéry seine heißen, überschwänglichen, herzerweichenden Billets übermittelte. Unter ihnen befanden sich einige, die für sein Schriftstellerleben eine wichtige Rolle spielten, wie Yvonne de Lestrange oder Nelly de Vogüé.

Auch weiß man von der Existenz weiterer Geliebter, obwohl keine Briefe überliefert sind; von anderen hingegen wird man wohl nie etwas erfahren. Auf wundersame Weise kam aber 2008 auf einer Auktion in Paris ein Konvolut von neun Briefen unter den Hammer, davon sieben mit Zeichnungen versehen, die Saint-Exupéry im Frühjahr 1943 an eine Geliebte schrieb, deren Identität bis heute ein Geheimnis ist.[19] Zu jener Zeit weilte der Schriftsteller-Pilot in Algerien und absolvierte ein Training, bevor er wieder zu seiner Gruppe 2/33 stieß. Eines Tages begegnete er zwischen Oran und Algier einer jungen Frau, 23 Jahre alt, verheiratet, Offizierin und Krankenwagenfahrerin beim Roten Kreuz, in die er sich Hals über Kopf verliebte. Wahrscheinlich war sie die letzte große Liebe seines Lebens. Er schrieb der Unbekannten Briefe, in denen er seinen Kleinen Prinzen für sich sprechen lässt. Der kleine Junge schlüpft in die Haut seines Schöpfers und beschwert sich ziemlich schnell, wenngleich anfangs noch humorvoll, dass »sie nie da ist, wenn man sie anruft« und »selbst nie zum Hörer greift«. Aber bald werden daraus Vorwürfe: »Ich schreibe einer Freundin, die mich völlig vergessen hat.« Der drittletzte Brief, ohne Zeichnung, nimmt sich sehr pathetisch aus: »Es gibt heute keinen Kleinen Prinzen mehr, nie wieder. Der Kleine Prinz ist tot. Oder anders: Er ist durch und durch skeptisch geworden. Doch ein skeptischer Kleiner Prinz ist kein Kleiner Prinz mehr. Ich nehme Ihnen übel, dass Sie ihn so zugerichtet haben.« Und da die Liebesgeschichten von Saint-Exupéry für gewöhnlich nicht gut ausgehen, verkündet der nächste Brief, er sei sein letzter. Mit einer erschreckenden Geistesschärfe gibt der Schriftsteller, den ein permanentes Gefühl der Verlassenheit und Einsamkeit umtreibt, unumwunden zu, er habe alles oder fast alles an dieser Geschichte erfunden, und steht dazu: »Und wenn es mir gefällt, sein Vergessen zu vergessen und mir eine Erinnerung zu erfinden?« Selten war Tonio so verzweifelt … Doch dann folgt die Überraschung: Im faktisch letzten Brief kehrt der Kleine Prinz zurück und spricht in einem völlig anderen Tonfall. Sie haben miteinander geredet und:»Du bist ein prima Kerlchen. […] Du kannst mich wiedersehen. Ich bin Dein Freund.«

Die Hoffnung kehrt zurück, der erhoffte Frühling auch. Ein schwieriges, aber nicht unmögliches Liebesglück? Vielleicht. Aber schon wenige Wochen später erfüllt sich sein sehnlichster Wunsch und er nimmt wieder den Dienst als Pilot auf. Was danach geschieht, ist hinlänglich bekannt …

*

Saint-Exupéry war ein *Homme à Femmes* mit unzähligen, sehr komplizierten Liebesaffären; einmal Zärtlichkeit in Person, einmal wahrer Schuft, tat er unentwegt sein krankhaftes Bedürfnis nach Zuneigung kund und klagte, bisweilen auf eine unangenehm zudringliche Weise, um sich trösten zu lassen. Antoine, von einer Frau im Kreise von Mädchen erzogen und traumatisiert von seinen jugendlichen Fehlschlägen in Liebesdingen – man denke insbesondere an die zwei abgewiesenen Heiratsanträge –, konnte seine Louise, sosehr er sich auch zu Consuelo hingezogen fühlte, nicht vergessen.

Louise ihrerseits, die ein eher turbulentes Liebesleben führte, konnte ihren abgewiesenen Geliebten ebenfalls nicht vergessen. Noch 1944, einundzwanzig Jahre nach der Auflösung ihrer Verlobung, huldigte sie dem Verschollenen in der Zeitschrift *Carrefour* mit den Worten: »Er war der Zauberer unserer Jugend. Ein Wanderer, ein Ritter, ein edler Weiser, ein geheimnisvolles Kind, das ein Gnadenfunke beseelte.«

III Rendezvous mit der Filmbranche

Der Stein, der alles ins Rollen brachte, war eine Fotoreportage von Walter Lichtenstein, bekannt als Limot, der 1936 in der marokkanischen Stadt Mogador (heute Essaouira) die Dreharbeiten für *Courrier Sud* unter der Regie von Pierre Billon dokumentierte, einer Adaptation des ersten Romans von Saint-Exupéry. Der Schriftsteller verfolgte die Arbeiten vor Ort mit großer Aufmerksamkeit. Die Fotos zeigen, wie er sich der Wüste zuneigt, voller Spannung, den Blick gleichsam als Verlängerung der Kamera in die Landschaft gerichtet. Von den grandiosen Bildern Limots kennt man nur die wenigen, die damals in der Presse erschienen und später in Biografien wiederabgedruckt wurden. Die meisterhafte Bildstrecke aus Schwarz-Weiß-Aufnahmen führt uns Saint-Exupéry plastisch vor Augen. Übrigens arbeitete der Schriftsteller-Pilot bei den gefährlichen Szenen selbst als Double für den Filmstar Pierre Richard-Willm.

Als ich mir die Aufnahmen ansah und mir dabei die Dreharbeiten vorstellte, konnte ich mich des Eindrucks nicht erwehren, dass Saint-Exupéry für den Film wie geschaffen schien. Die Abenteuer, die er erlebt oder sich ausgedacht hatte und die er in einer äußerst visuellen Sprache vermittelte, schrien geradezu nach einer bildlichen Umsetzung. Er selbst hatte das sehr wohl begriffen: Im Verlauf meiner Nachforschungen stieß ich auf ein fertiges Drehbuch mit dem Titel *Anne-Marie* und auf einige Entwürfe, die inzwischen veröffentlicht sind.[1] Die Fachleute, die ich konsultierte, ließen keinen Zweifel daran, dass dies nur die Spitze eines Eisbergs war, da Saint-Exupéry ab den

1930er Jahren an zahlreichen Filmprojekten arbeitete. Zahlenmäßig waren es fast so viele wie die Patente, die er für die Luftfahrt entwickelte.

Es schien, als versuchte er – in ständiger Bedrängnis durch seine Geldsorgen – zumindest im Rahmen seiner Fertigkeiten, gleichzeitig mehrere Eisen im Feuer zu haben, noch mehr Ideen zu produzieren und Vorhaben anzuleiern.

So entdeckte ich im Archiv der Succession einige weitere, fast unbekannte oder unveröffentlichte Drehbücher, darunter waren kürzere Abrisse von nur wenigen maschinegeschriebenen Seiten sowie ausgereiftere Entwürfe. Inhaltlich geht es dabei fast immer um zwei Themen: das Fliegen und Schiffsreisen, bei denen etwas schief läuft. Wir werden nie erfahren, ob aus diesen Ideen gute Filme oder sogar Meisterwerke geworden wären. Denn mit Ausnahme von *Anne-Marie* wurde keine realisiert.

Bei einem unserer Gespräche erwähnte Frédéric d'Agay ein Filmprojekt, das Marc Allégret mit Saint-Exupéry plante. Doch auch daraus wurde nichts. Allerdings weiß niemand, ob dazu Unterlagen aufbewahrt wurden oder nicht: Der Nachlass des Filmemachers, der sehr eng mit André Gide befreundet war, ist derzeit leider nur schwer einsehbar.

Saint-Exupérys Versuch, sich im Filmgeschäft zu entwickeln, scheiterte. Auch mit den Filmadaptationen seiner Prosawerke hatte er kein Glück.

Ab den 1930er Jahren scheint Antoine de Saint-Exupérys Leben also verstärkt aus dem Ruder zu laufen. Er agiert an unzähligen Fronten gleichzeitig und versprüht sein Talent in alle möglichen Richtungen, wie ein Pilot ohne Kompass, der in einen Sturm geraten ist. Aber er ist sich dessen sehr wohl bewusst: »Ich fühle mich wie ein Gefangener, der die Zeit mit dem Flechten von Weidenkörben totschlägt, wo ich doch anderweitig so viel nützlicher und reicher sein könnte«, vertraut er 1935 einer seiner Briefpartnerinnen an.

Er schreibt natürlich weiterhin, und obwohl er zwischen *Vol de nuit* (ausgezeichnet 1931 mit dem Prix Femina) und *Terre des hommes* (ausgezeichnet 1939 mit dem Grand prix du roman der Académie Française) nichts mehr veröffentlicht hat, steht er seit 1929 für sieben Werke bei Gallimard unter Vertrag. Tatsächlich sammelt er Material für *Terre des hommes*, das weder ein Roman noch eine Erzählung, sondern eine Sammlung unterschiedlicher Texte sowie bereits erschienener Artikel werden soll. Auch scheint er zu jener Zeit die Figur des Kleinen Prinzen zu entwickeln, zu der einige Skizzen entstehen. Und er macht sich Notizen für ein Projekt, das er *Le Caïd* nennt (später wird es in *Citadelle* unbenannt).

Selbstverständlich fliegt er auch wieder und wie üblich erleidet er die eine oder andere Bruchlandung: einmal Ende 1933 am Steuer eines Wasserflugzeugs von Latécoère in Saint-Raphaël, ein andermal Ende 1935 zusammen mit dem Mechaniker André Prévot an Bord seiner neuen Caudron Simoun in der libyschen Wüste bei dem Versuch, den Streckenrekord Paris–Saigon aufzustellen; und nicht zuletzt stürzt er im Februar 1938 in Guatemala ab – ernsthafter diesmal –, ebenfalls am Steuer einer Simoun und wieder in Begleitung seines Mechanikers Prévot, als sie einen weiteren Rekordflug von New York nach Feuerland in Angriff nehmen. Der schwer verletzte Pilot liegt mehrere Tage im Koma, bevor er für seine Genesung in die Vereinigten Staaten zurückkehrt. An den Folgen dieses Unfalls wird er bis zu seinem Tod leiden.

Vor allem aber nimmt der Schriftsteller-Pilot aufgrund seiner zunehmenden Geldsorgen immer häufiger Brotjobs an. Von 1932 bis zum Ausbruch des Zweiten Weltkriegs verfasst er für die von Gaston Gallimard frisch gegründete Zeitung *Marianne* hymnische Beiträge über die Luftpost oder die Luftfahrt im Allgemeinen und ihre Helden. Dazu gehören Jean Mermoz, der am 7. Dezember 1936 bei einem Absturz über dem Meer ums Leben kommt, und Henri Guillaumet, der am 27. November 1940 über dem Mittelmeer abgeschossen wird. Im April 1935 weilt Saint-Exupéry für eine Reportage einen Monat lang in Moskau. Die folgenden zwei Jahre verschlägt es ihn ebenfalls als Reporter im Auftrag französischer Tageszeitungen in das vom Bürgerkrieg geschüttelte Spanien: Eine Reportage schreibt er für *L'Intransigeant*, die andere für *Paris-Soir*, für die er bis 1938 tätig ist.

»Saint-Ex war ständig pleite«, verriet Françoise Giroud, die 1936 im Rahmen des Filmprojekts *Courrier Sud* seine Drehbuchassistentin und Sekretärin vor Ort war. »Er hatte immer Löcher in den Taschen«, bestätigte auch Consuelo, die allerdings nicht die Richtige war, um Tonio gute Ratschläge in Finanzdingen zu geben: Die Eheleute lebten in der schönen Wohnung am Place Vauban 15 gegenüber dem Hôtel des Invalides auf recht großem Fuß.

Doch allen Schwierigkeiten zum Trotz wird sich Saint-Exupéry – neben den offiziellen Jobs für die Aéropostale, den Flugzeugbauer Latécoère und schließlich Air France – sechs oder sieben Jahre lang mit »dem Flechten von Weidenkörben« fürs Kino beschäftigen, mit jeweils unterschiedlichem Erfolg …

*

Metro-Goldwyn-Mayers Adaptation von »Nachtflug« war seine erste Erfahrung mit der Filmbranche: *Night Flight* kommt im August 1934 in die Pariser Kinos. Für den Film, bei dessen Entstehung Saint-Exupéry weder angesprochen noch hinzugezogen wird, zeichnet der exklusive Greta-Garbo-Regisseur und MGM-Mann Clarence Brown verantwortlich, der überaus produktiv und vielseitig war. Der Film ist zwar kein Meisterwerk, aber

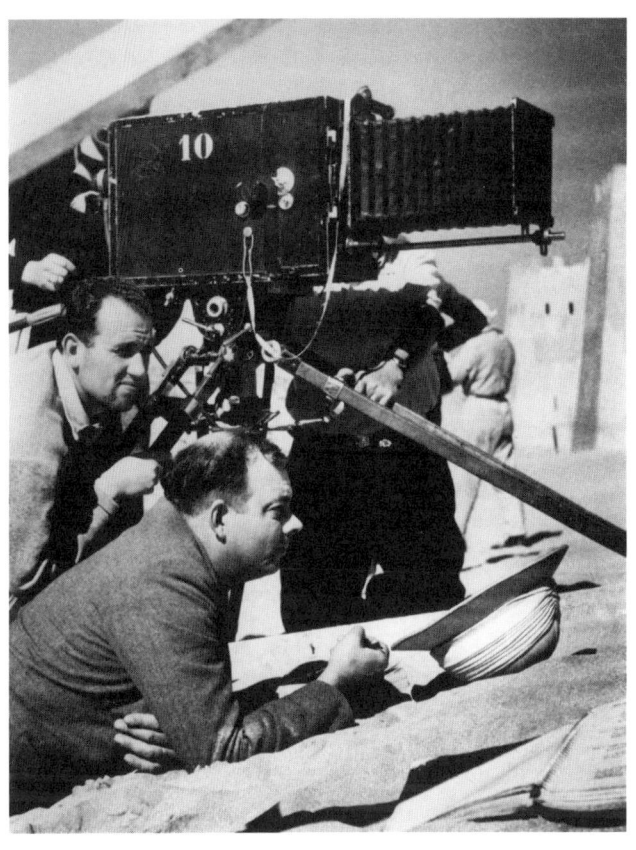

Antoine de Saint-Exupéry am Set in Marokko bei den Dreharbei-
ten zum Courrier Sud, *1934, © akg, Walter Limot*

durchaus erfolgreich und steigert das Renommee des Schriftstellers, der natürlich auch seine filmischen Ambitionen bestä-
tigt sieht.

Anfang 1933 hatte Saint-Exupéry die erste Drehbuchfassung
von *Anne-Marie* geschrieben: einer ziemlich verworrenen Liebesgeschichte, die in Fliegerkreisen spielt. Die Heldin ist eine junge
Frau, deren pensionierter Vater einst Kommandant der Han-
delsmarine war. Die Luftfahrtingenieurin und Patententwickle-
rin absolviert mit Bravour ihren Flugschein in einem Club, dessen eng miteinander befreundete Mitglieder so symbolkräftige
Namen tragen wie »Der Bauer«, »Der Detektiv«, »Der Verliebte«,
»Der Denker« und »Der Boxer«, wobei einige von ihnen eine ge-
wisse Ähnlichkeit mit dem Autor aufweisen. Es passieren aller-
hand überraschende Dinge, unter anderem geht es um einen In-
genieur, der Rosen über alles liebt, um einen Geschwindigkeits-
weltrekord über fünftausend Kilometer im Nonstop-Flug, den
Anne-Marie schlägt, und um einen Nachtflug.

1935 überarbeitet Saint-Exupéry dann sein Drehbuch und
schreibt die Dialoge zum Film, der noch im selben Jahr gedreht
wird und in die Kinos kommt. Raymond Bernard, der Sohn
des Schriftstellers Tristan Bernard und Spezialist aufwendiger
Großproduktionen, führt Regie. Annabella[2] spielt die Titel-
rolle, Pierre Richard-Willm die Rolle des Erfinders. *Anne-Marie* ist ein Publikumserfolg und wird von einem gewissen Jean
d'Arjanse sogar als Novelle adaptiert und im Verlag Tallandier
herausgebracht.

Seit 1934 verdient Saint-Exupéry seinen Lebensunterhalt in
der neu gegründeten Luftverkehrsgesellschaft Air France (1933
hatten mehrere Gesellschaften fusioniert und die Aéropostale
übernommen). Da bei den Flugzeugführern keine Stelle frei
war, bekommt er nur einen Posten in der damals so genannten
Propaganda-Abteilung. Hier erfüllt er bis zum Kriegsbeginn
eine Reihe von Aufträgen, hält Vortragsreihen in Frankreich

und im Ausland und arbeitet sogar bei der Entstehung der zwei Werbekurzfilme »Ein Wochenende in Algier« (1934) und »Süd-Atlantik« (1936) als technischer Berater mit.

*

Indes, das einzige großangelegte filmische Werk, das wirklich Gestalt annahm, ist die Adaptation seines Romans »Südkurier«, ein Projekt, mit dem er sich seit 1931 beschäftigte. Der Regisseur Pierre Billon ist ein guter Handwerker, auf dessen Konto später einige recht interessante Literaturverfilmungen zurückgehen werden, darunter *Ruy Blas* nach dem gleichnamigen Drama von Victor Hugo, das Jean Cocteau in einen Mantel-und-Degen-Film verwandelt. Es werden zwei Produzenten gefunden: André Aron und Édouard Corniglion-Molinier, ein Flieger und Freund von André Malraux, mit dem zusammen er so manches Abenteuer durchsteht. Zur Besetzung gehören Pierre Richard-Willm, Charles Vanel, Jany Holt und Gabrielle Dorziat. Saint-Exupéry nimmt an den Dreharbeiten teil und setzt die blutjunge Anfängerin Françoise Giroud als Scriptgirl durch. Zu ihrem ergebenen Kavalier hatte er sich bereits gemacht. Er verfolgt alle Etappen und Rückschläge, gibt Ratschläge und legt manchmal auch selbst Hand an. Er beaufsichtigt die Flugpläne der Latécoère und springt in den gefährlichen Szenen für den Helden Pierre Richard-Willm ein, es gelingt ihm ohne Zwischenfall … Am Drehort realisiert der Fotograf Limot seine hervorragende Fotoreportage. Sie zeigt, mit welch leidenschaftlichem Interesse der Schriftsteller-Pilot die Unternehmung verfolgt hat.

Courrier Sud, eine durchaus achtbare Leistung und einigermaßen romangetreue Verfilmung, kommt 1937 in die Kinos. Zu dieser Zeit ist Jean Mermoz allerdings schon tot, in Spanien tobt der Bürgerkrieg und Saint-Exupéry, der ständig unterwegs ist, scheint inzwischen neue Interessenschwerpunkte zu haben, die seine Aufmerksamkeit weit mehr beanspruchen.

*

Dennoch haben mehrere Filmprojekte, die in jenen Jahren entstanden – allesamt Entwürfe oder bestenfalls Drehbücher –, die Zeiten überdauert.3 So besteht zum Beispiel *Le Départ* (»Die Abreise«), verfasst 1936, aus vierzehn handgeschriebenen Seiten mit vielen Streichungen (eine Fortsetzung wurde nirgends gefunden – ging sie verloren oder wurde sie niemals geschrieben?), auf denen Saint-Exupéry den gescheiterten Langstreckenflug Paris–Saigon von 1935 verarbeitet. Der Held heißt Jean Lucas und ist Pilot auf der Flugstrecke Paris–London. Auch er bereitet sich auf einen Langstreckenflug vor. Eines Morgens startet er, alles verläuft normal, bis er über Shanghai eine Panne hat. Der Pilot wird gerettet und entdeckt bestimmte Facetten des chinesischen Lebens …

Ein Typoskript mit dem Titel *Igor*, das zwanzig Seiten umfasst, vertraute Saint-Exupéry 1940, kurz vor seiner Abreise in die Vereinigten Staaten, Pierre Billon an. Es ist ein interessantes, untypisches Projekt, da das Thema überhaupt nichts mit der Fliegerei zu tun hat, sondern eher einem Thriller gleicht. Die Geschichte spielt im Hafen von Rio de Janeiro. Inspektor Schmidt ermittelt gegen einen gewissen Igor, der sich auf den am Kai liegenden Passagierdampfer Santos eingeschifft hat. Schmidt wird »mit einem Revolver niedergeschossen«, kommt aber gerade noch mit dem Leben davon.

Während Igor sich auf der Santos prächtig amüsiert und die Bekanntschaft einer schönen Amerikanerin und eines dubiosen Barons macht, der beim Poker hohe Einsätze wagt – ähnlich wie der Baron De Clappique im Roman »So lebt der

Mensch« von André Malraux –, versucht die Polizei dem Inspektor mit allen Mitteln Informationen zu entlocken, um den nicht ganz sauberen Verdächtigen dingfest zu machen, bevor das Schiff ablegt. Igor ist ein Gangster, der alle manipuliert, auch andere zwielichtige Gesellen und eine Zigeunerin, die er vor einer Seuche rettete. Aber wie hätte diese exotische, anachronistische und ziemlich an den Haaren herbeigezogene Geschichte ausgehen sollen, die hinter verschlossenen Türen und vor dem Hintergrund illegaler Einwanderung und zwielichtiger Handelsgeschäfte spielt? Niemand weiß es. Der Text jedenfalls blieb bis 1995 unveröffentlicht.[4]

Ein undatiertes und titelloses Manuskript, das mit den Worten *Un avion s'est égaré …* (»Ein Flugzeug hat sich verirrt ...«) beginnt, zeichnet die abenteuerliche Reise eines Piloten und seines Funkers nach, die nach einem Unfall von »wilden Indianern« aufgenommen werden, aber mehrfach versuchen, ihnen zu entkommen. Bis eine schöne Einheimische den Piloten bezirzt und alles durcheinander bringt … Saint-Exupéry setzt sich in diesem Plot ganz eindeutig mit seinem Crash von 1938 in Guatemala auseinander.

Schließlich ist noch ein Typoskript von siebzehn Seiten mit dem Titel *La Résurrection* (»Die Auferstehung«) zu nennen. Es wurde vermutlich 1940 geschrieben und erzählt die finstere Geschichte von Sonia, »einer berühmten, allerdings stolzen, kühlen und gegenüber der öffentlichen Meinung gleichgültigen Sängerin«, die fünfzehnhundert Emigranten auf einem Schiff, welche »mangels Arbeit« von Südamerika wieder in ihre Heimat Portugal zurückkehren, mit einer schlimmen Krankheit ansteckt. »Über dieser Reise liegt ein Fluch«, bemerkt der Kapitän an einer Stelle, was die Gesundheitskontrollen nach der Anlandung vollauf zu bestätigen scheinen. Aber wie wird sich die Epidemie entwickeln, wie werden die Behörden reagieren? Und was wird aus Sonia werden?

Bei diesen unterschiedlich weit gediehenen und unterschiedlich überzeugenden Filmvorhaben, von denen jedoch keines die Schublade verließ, fällt Saint-Exupérys Doppelgleisigkeit in seiner Arbeit auf: Entweder will er dem Publikum der Kinosäle seine Leidenschaft für die Fliegerei und seine Kenntnis davon durch mehr oder weniger stark autobiografisch gefärbte Geschichten vermitteln oder er denkt sich von Anfang bis Ende erfundene menschliche Dramen aus, wobei ihn hauptsächlich das Milieu – vor allem das maritime und das medizinische – und das Seelenleben seiner gequälten Figuren interessieren.

*

In der turbulenten Saga »Saint-Exupéry und der Film« steht die nie zustande gekommene Adaptation von *Terre des hommes* durch Jean Renoir für die zweifellos bedauerlichste Episode.

Die beiden Männer kannten sich nicht besonders gut, als sie sich zufällig auf demselben Passagierschiff wiederfanden, der Siboney, die Ende Dezember 1940 von Lissabon in Richtung New York auslief. Und dann teilten sie sich sogar die Kabine! Aber außer dass beide manche Überzeugungen miteinander teilten und gleichermaßen eine kolossale Statur sowie einen sehr unabhängigen Geist hatten, brachte sie ein unglaublicher Zufall einander näher: Der um einige Jahre ältere Renoir – er wurde 1894 geboren und starb 1979 in Beverly Hills – war ebenfalls ein leidenschaftlicher Flieger. Es stellte sich heraus, dass sie ihre Fluglizenz auf demselben Flugplatz in Ambérieu-en-Bugey erhalten hatten. Im Ersten Weltkrieg führte Renoir Aufklärungsflüge durch, doch ein schlimmer Unfall beendete seinen Einsatz und er wurde in die Heimat zurückgeschickt. So etwas kann man nicht erfinden … Im Film »Die große Illusion« (1937) borgte er Jean Gabin sogar seine alte Pilotenuniform. Man kann sich leicht denken, worüber die beiden Männer auf der langen Überfahrt gesprochen haben.

Saint-Exupéry schenkte Jean Renoir ein Exemplar von *Terre des hommes*, das ihn nach seinen eigenen Worten »glatt umhaute«.[5] Bei ihrer Ankunft in New York am 31. Dezember 1940 stand der Plan für die Verfilmung des Buches. *Terre des hommes* war Anfang 1939 zeitgleich in Frankreich und den Vereinigten Staaten erschienen. Die amerikanische Ausgabe trug den Titel *Wind, Sand and Stars* und kam bei Reynal & Hitchcock heraus. Sie war nicht nur insgesamt umfangreicher, sondern enthielt noch ein zusätzliches Kapitel, »Die Naturgewalten«, das Saint-Exupéry im Sommer 1938 in New York verfasst hatte, das aus Zeitgründen jedoch nicht mehr in die französische Ausgabe aufgenommen werden konnte. Jenseits des Atlantiks war das Buch ein Riesenerfolg: 250.000 Exemplare gingen über den Ladentisch, und der Autor wurde 1939 mit dem National Book Award ausgezeichnet. Inzwischen war er in den Vereinigten Staaten ein größerer Star als in seiner Heimat und hatte ansehnliche Einkünfte in Aussicht …

Die Arbeit am Drehbuch wird die beiden exilierten Künstler das ganze Jahr 1941 über ziemlich in Anspruch nehmen, trotz der geografischen Entfernung: Der Filmemacher hat sich in Hollywood niedergelassen, wo er bei Twentieth Century Fox unter Vertrag steht, der Schriftsteller ist in New York geblieben.

Während Renoir sich bemüht, dem berühmten Produzenten Darryl F. Zanuck die Lektüre des Buches anzutragen, natürlich in der englischen Fassung, anscheinend aber erfolglos, schlägt sich Saint-Exupéry seinerseits mit einem Diktaphon herum, in das er eine Adaptation seines Buches diktiert (von den Bändern lässt er sich zehn Schellackplatten aufnehmen), die er anschließend Renoir übermittelt. Den beiden Freunden ist von vornherein klar, dass *Wind, Sand and Stars*

»kein Roman ist und sich schlecht zusammenfassen lässt«. Sie sind sich auch darüber einig, dass der Film etwas anderes sein muss, eine eigene Schöpfung, »nicht mehr *Terre des hommes* in der ursprünglichen Buchform, vielmehr die Geschichte eines Piloten, der Schlachten gewinnt, Menschen zusammenführt, die Oasen und die Mädchen hinter sich lässt, um seine Pflicht als Pilot und Mensch zu erfüllen«, resümiert Saint-Exupérys Großneffe Frédéric d'Agay.[6]

Saint-Exupéry arbeitet sehr gewissenhaft an dieser Neufassung und lässt viele persönliche Erfahrungen einfließen. Bei seinem Diktat spricht er Renoir direkt an und schlägt einen vertraulichen Ton an, wie wenn er einem alten Kumpel eine Geschichte erzählen würde, zuweilen sehr humorvoll:

»Ach wie ärgerlich, jetzt hab ich 'ne Zigarette und kein Feuer. Sagen Sie doch mal, Jean Renoir, könnten Sie so freundlich sein, Sie würden mir einen großen Gefallen tun, und mir ein Streichholz geben, denn ich hab 'ne Zigarette und kein Feuer. Tantalusqualen sind das.

Nichts für ungut! Wenn Sie nicht können, können Sie eben nicht! Gut, wo war ich stehen geblieben. Na, dann eben ohne Zigarette!

Nun, der dritte Teil, der spielt in Afrika ...«[7]

Im Frühjahr 1941 reist Saint-Exupéry sogar nach Kalifornien, um sich unter anderem mit Renoir zu treffen und das gemeinsame Projekt voranzubringen. Aber wie so oft in der Filmbranche wird die Unternehmung nach vielem Hin und Her schließlich abgeschmettert, zur großen Enttäuschung und zum Verdruss der Projektmacher. Renoir wird der Sache, die seiner Meinung nach »der schönste Film [s]eines Lebens« geworden wäre, für den Rest seines Lebens nachtrauern. Saint-Exupéry wiederum, der normalerweise mit Komplimenten sehr geizig war, hielt Renoir für einen »der Menschen auf diesem Planeten, für den ich tiefste Freundschaft empfinde und den größten Respekt habe, für absolut fähig, aus *Terre des hommes* etwas Großartiges zu machen«.[8] Hollywood hatte anders entschieden. Aus der Zusammenarbeit zweier Genies hätte ein Meisterwerk entstehen können – wie auch später aus der Kooperation zwischen Saint-Exupéry und Orson Welles für ein Filmprojekt, das ebenfalls niemand haben wollte. Damit ist der Filmgeschichte zweifellos etwas entgangen …

Dafür wurde die Literaturgeschichte um Herausragendes reicher: *Pilote de guerre* (»Kriegsflieger«) erscheint im Februar 1942 zunächst in amerikanischer Übersetzung unter dem Titel *Flight to Arras* und dann am 27. November 1942 in der Originalfassung bei Gallimard.[9] Aber schon wenige Wochen nach seinem Erscheinen wird das Buch von der Zensur der Vichy-Regierung verboten …

Seinen amerikanischen Verlegern Reynal & Hitchcock war es schließlich gelungen, ihn davon zu überzeugen, sich nicht weiter zu verzetteln und zum Wesentlichen zurückzukehren: zu seinem literarischen Schaffen.

IV Die Geheimnisse des Kleinen Prinzen

Im Laufe meiner Nachforschungen ergaben sich Begegnungen, die ebenso bereichernd wie unerwartet waren. So lernte ich dank Saint-Exupéry zum Beispiel die Familie Claudel kennen, die Comtesse Bouët-Willaumez führte mich auf ihre Spur.

Eines Morgens klingelte das Telefon. »Guten Tag, mein Name ist François Claudel, ich bin der Enkel von Paul …« Was dieser Herr wohl von mir will, schoss es mir durch den Kopf. In letzter Zeit habe ich doch keinen Artikel über seinen Großvater veröffentlicht. Aber man kennt meine Vorliebe für das literarische Erbe Frankreichs oder einige meiner Arbeiten, und so kommt es manchmal vor, dass anspruchsberechtigte Erben Kontakt zu mir aufnehmen. Einige von ihnen sind sogar Freunde geworden. Aber die Claudels? Ich sehe keine Verbindung. Der Schriftsteller Paul Claudel war mir nie sympathisch gewesen – zu dogmatisch, zu amtlich – und seine Bücher gehörten nie zu meiner Bettlektüre. Mal sehen, was er zu sagen hat …

»Nun. Ich habe die ersten Artikel Ihrer Feuilletonserie über Saint-Exupéry im *Figaro* mit großem Vergnügen gelesen. Ich wollte Ihnen nur sagen, dass meine Eltern und meine ältere Schwester gut mit Saint-Exupéry bekannt waren, damals in New York während des Krieges, und wenn wir Ihnen behilflich sein können, dann tun wir es gern.« Wie könnte ich dieses Angebot ablehnen! Das Vergnügen ist ganz meinerseits …

So lerne ich zunächst einmal François Claudel kennen. Er ist ein sehr offener, herzlicher, lebensfroher Mensch und er kennt die ganze Geschichte mit Saint-Exupéry in- und auswendig, obwohl er sie selbst nicht erlebt hat, da er nach dem Krieg geboren wurde. Er skizziert mir in groben Zügen, was seine Familie mit Saint-Exupéry verbindet. Dann schlägt er mir vor, seinen Vater Henri zu besuchen: Er habe sich bereit erklärt, mich zu empfangen, und wolle zum ersten Mal etwas darüber erzählen. Wichtig wäre aber auch, um ein vollständiges Bild zu bekommen, ein Treffen mit seiner Schwester Marie-Sygne, die in England lebt.

Und so brechen wir eines schönen Morgens nach Chatou auf. Henri Claudel – er ist siebenundneunzig Jahre alt und der zweite Sohn von Paul – empfängt uns in seinem schönen alten Haus, das die Seine an einer Stelle überragt, die noch recht ursprünglich geblieben ist und die sich einst die Impressionisten zu eigen machten. Der alte Mann erfreut sich eines hervorragenden Gedächtnisses und spricht mit fester Stimme, ohne zu zögern. Sein starker Charakter ist deutlich herauszuhören. Henri Claudel war ein passionierter Flieger, er wurde mit fünfzehn Jahren von Lindbergh persönlich in die Fliegerei eingeweiht. Bis zum Krieg war er Verwaltungsdirektor beim Flugzeughersteller Gnome et Rhône, der unter anderem die K-7 300 V produzierte, mit der Malraux sich auf die Suche nach der Hauptstadt der Königin von Saba machte. 1941 schlug er sich auf die Seite des Freien Frankreich. Er gelangte über Spanien und Portugal in die Vereinigten Staaten, wo sein Vater 1924 Botschafter Frankreichs gewesen war. Er knüpfte auf seine Weise an diese Tradition an und spielte in Washington und New York, wo er sich niedergelassen hatte, die Rolle eines inoffiziellen Botschafters des Freien Frankreich. Er empfing alle wichtigen Franzosen, die in den Vereinigten Staaten lebten oder auf der Durchreise waren.

So kam es, dass eines schönen Tages im Jahr 1941 ein großer, schlaksiger, ziemlich berühmter Kerl namens Antoine de Saint-Exupéry vor seiner Tür stand. Trotz ihrer unterschiedlichen politischen Auffassungen schätzten sich die beiden Männer sehr und hatten schnell ein sehr herzliches Verhältnis. Ihrer beider Leidenschaft fürs Fliegen brachte sie zusammen. Über mehrere Monate hinweg hatte Saint-Exupéry bei den Claudels quasi einen reservierten Platz am Esstisch und wünschte seine *Grillade* »innen englisch«. Er kam abends, immer allein, sprach über dies und jenes, »aber nie über seine Werke oder Consuelo«, betont Henri Claudel, und blieb oft bis tief in die Nacht bei ihnen. Es bereitete ihm großes Vergnügen, mit Marie-Sygne, dem kleinen Töchterchen des Ehepaares Claudel, zu diskutieren und zu spielen. Er bastelte Helikopter aus Papier für sie und sie ließen sie zusammen vom Empire State Building aus heruntersegeln. Um der Kleinen eine Freude zu machen, erfand er auch Geschichten und zeichnete sie auf alles, was ihm in die Finger kam. »Wir haben viele dieser Papierschnipsel weggeworfen«, erzählt Henri Claudel. Marie-Sygne aber hat glücklicherweise einige davon behalten.

Jetzt, da ich das Oberhaupt des Claudel-Clans getroffen und seinen Segen bekommen hatte, durfte ich um ein Treffen mit Marie-Sygne bitten. Erneut bot sich François Claudel freundlicherweise als Vermittler an und gab mir die Telefonnummern seiner Schwester. Eines Tages rufe ich leicht verschüchtert bei ihr an. Ihre Reaktion ist bescheiden und charmant: »Ich fürchte, dass ich Ihnen nicht wirklich behilflich sein kann, aber Sie können gern kommen. Ich zeige Ihnen dann die Zeichnungen von Saint-Exupéry, die bei mir in London sind.« Treffpunkt ist also London an einem 14. Juli – dem französischen Nationalfeiertag –, so etwas kann man sich nicht besser ausdenken …

Marie-Sygne Claudel wurde 1937 in ein kosmopolitisches Milieu hineingeboren und ist seit fünfzig Jahren mit Lord Christopher Northbourne verheiratet, Gentleman-Farmer und Fachmann für die Gemeinsame Agrarpolitik (GAP) der EU, Parlamentarier und Mitglied des Oberhauses. »Mein Mann gehört zu den neunzig Erb-Peers, die von Tony Blairs Reform des Oberhauses verschont geblieben sind«, lässt Lady Northbourne wissen. Sie empfängt mich in ihrem Apartment in Belgravia, nicht weit vom Buckingham Palace entfernt. Es ist eines der aristokratischsten und vornehmsten Stadtviertel Londons mit weißen, kolonnadengeschmückten Gebäuden im viktorianischen Stil und einheitlichem Aussehen und dahinter die unter den *Bobos* der Stadt heiß begehrten *mews*. Diese ehemaligen Stallungen sind heute kleine Häuser mit Garten, die ruhige, gepflasterte Straßen säumen. Vor den Eingängen parken Autos der Marken Mercedes, Aston Martin, Bentley und Jaguar, zwei Rolls Royce waren auch zu sehen …

Die Wohnung ist überaus komfortabel und hat eine stattliche Größe, *of course*. Im Wohnzimmer schmücken die Porträts einiger Ahnen der Northbournes die Wand. Lord Christopher und Lady Marie-Sygne leben abwechselnd in London und in ihrem Landhaus nahe Dover. Von hier ist es nur ein Katzensprung zum Schloss der Familie, das ein Vorfahre des jetzigen Lords allerdings so gigantisch fand, dass er es in eine Privatschule umbaute. Marie-Sygne ihrerseits führte hier Französisch als Pflichtfach ein und ist noch heute selbst sehr aktiv. Sie redet gern über ihren berühmten Großvater, aber fast noch lieber spricht sie von Saint-Exupéry und den wenigen Erinnerungen, die ihr von dem gutmütigen Onkel geblieben sind, und von ihrer grenzenlosen Bewunderung für sein Werk. Sie empfindet immer aufs Neue große Freude daran, Gästen seine Zeichnungen zu zeigen, die sie vor einigen Jahren sogar für eine Ausstellung nach Japan begleitet hat. Es wäre undenkbar für sie, sich lange von ihnen zu trennen: Siebzig Jahre hängen sie nun schon in ihrem Schlafzimmer und wachen über den Schlaf der »kleinen Prinzessin«, die jenen Teufelskerl von einem Piloten-Schriftsteller-Zeichner einst für sich eingenommen hatte.

*

»Der kleine Prinz« erschien am 6. April 1943 bei Reynal &
Hitchcock in New York auf Englisch und erst einige Tage danach auf Französisch. Ist er also Amerikaner oder Franzose?
Unter den Biografen und Exegeten Saint-Exupérys wurde lange
Zeit die These bevorzugt, »Der kleine Prinz« sei im Jahr 1942
in den Vereinigten Staaten erfunden, niedergeschrieben und gezeichnet worden. Außerdem sei das Buch eine Auftragsarbeit
gewesen: eine Weihnachtsgeschichte für amerikanische Kinder,
dann auch für französische, um den einen die Angst vor einem
drohenden Krieg, den anderen die Angst eines Lebens im Krieg
vergessen zu machen.

Doch in den letzten Jahren haben wir unseren Kenntnisstand über das Leben und Werk des Schriftsteller-Piloten dank
der Detektivarbeit der Forscher erheblich erweitern können.
Und auch was den Entstehungsprozess des »Kleinen Prinzen«
betrifft, konnten neue Erkenntnisse gewonnen werden, die der
Wahrheit einen Schritt näher kommen.

Das Buch erschien also 1943. Wer jedoch meint, seine Ge-
nese und Redaktion seien schnell und spontan verlaufen,
quasi eine Sache von wenigen Monaten, der kennt die Arbeits-
weise von Saint-Exupéry schlecht: Er ließ seine Werke langsam heranreifen und rollte sie immer mehrere Male ganz neu
auf. Es existieren mindestens vier Textfassungen des »Kleinen
Prinzen«, sowohl mit der Hand als auch mit der Maschine geschrieben, die Fassung nicht mitgerechnet, die Pierre Lazareff
und seine Frau Hélène besaßen. Sie gehörten zu den Menschen,
die den Schriftsteller in New York empfingen und in der Fol-
gezeit während seines Exils, an das er sich niemals gewöhnte,
freundschaftlich umsorgten. Alle Zeugen dieser Zeit betonen
zum Beispiel die Tatsache, dass er sich stets weigerte, Englisch
zu lernen, wie um sich selbst zu überzeugen, dass sein Auf-

enthalt in den Vereinigten Staaten nur von kurzer Dauer sein würde. Gleichzeitig wollte er zu dieser Zeit sein »Franzosentum« bekräftigen, da seine Heimat in die Hände der Nazis und ihrer Kollaborateure gefallen war.

Seit Saint-Exupérys grafische Dichtung ganz offiziell seinem Werk zugeordnet[1] und rezensiert wurde, weiß man, dass in den 1930er Jahren die Figur eines kleinen Jungen auftauchte und regelmäßig als Bleistiftzeichnung auf Papier wiederkehrte. Mit ihrer zerzausten Frisur und dem langen Umhang, den sie manchmal trägt, weist sie eine erstaunliche Ähnlichkeit mit dem späteren Helden auf …

Schließlich kam noch eine irritierende Version des Druckers und Verlegers Mame aus Tours auf, der Saint-Exupéry im Jahr 1939 über ihre gemeinsame Freundin Nelly de Vogüé kennenlernte: »Er schrieb gerade an einer Geschichte für Kinder, mit der er seine Schreibe erneuern sollte. Wir kamen mit Gaston Gallimard und Jean Paulhan überein, das Buch ausnahmsweise bei Mame drucken zu lassen. Es war ›Der kleine Prinz‹. Doch dann machte uns die Bombardierung von Tours 1940 einen Strich durch die Rechnung und wie viele andere Projekte kam auch dieses nicht zustande.«[2] Das würde bedeuten, dass Saint-Exupéry, dem schon lange die Figur eines »kleinen Jungen« durch den Kopf ging, die erste Fassung seiner Erzählung in Frankreich vor Ausbruch des Krieges niederschrieb und sie später in den Vereinigten Staaten lediglich überarbeitete. Diese Hypothese ist natürlich sehr verlockend und plausibel, nur hat sie einen Haken: Sie lässt sich zum jetzigen Zeitpunkt nicht erhärten, weil das Archiv von Mame im Bombenhagel zerstört wurde und das Archiv von Nelly de Vogüé, das von der französischen Nationalbibliothek verwahrt wird, für die Öffentlichkeit noch nicht zugänglich ist …

Einwandfrei belegt ist hingegen, dass Saint-Exupéry im Sommer 1942 an einem »Kindermärchen« arbeitete und den

Entschluss fasste, es zu illustrieren. Dies geschah auf freundschaftliches Ansuchen seines Agenten Maximilian Becker, der ihm von seinem Dichterfreund Jean Prévost vorgestellt wurde und bereits den belgischen Schriftsteller Georges Simenon vertrat, und seines Übersetzers Lewis Galantière hin, der aus bis heute ungeklärten Gründen ausgerechnet den »Kleinen Prinzen« nicht übersetzte. Erst dachte Saint-Exupéry dabei an seinen Freund und Maler Bernard Lamotte (dieser hatte die Illustrationen für *Flight to Arras* realisiert), der sogar einige Skizzen anfertigte, entschied sich dann letztendlich aber doch, den Text selbst zu illustrieren. Wie so häufig schaffte er es, die Zeichnungen und die Geschichte kongenial zu verbinden, und zwar schon in den allerersten Manuskripten.

Doch jener kleine Prinz lässt Saint-Exupéry keine Ruhe, er verfolgt ihn regelrecht. Es entstehen immer mehr Entwürfe und Skizzen. Alle Personen, die zu jener Zeit mit ihm zu tun hatten, erinnern sich, dass er ständig zeichnete, so auch Pierre Lazareff oder die Familie Claudel.

Henri Claudel, Jahrgang 1912, »Parallel-Diplomat auf vermintem Terrain«, wie sein Sohn François ihn nett beschreibt, kümmerte sich unter äußerst komplizierten Voraussetzungen um jene Überseeterritorien des *Empire français*, die sich dem Freien Frankreich angeschlossen hatten.

»Pierre Lazareff hatte mir Saint-Exupéry vorgestellt«, berichtet er. »Ich schätzte ihn sehr und sah ihn fast jeden Tag bis zu seiner Abreise im Frühjahr 1943. Da ich vor dem Krieg für die Flugzeugindustrie gearbeitet hatte, bot sich ein Gesprächsthema wie von selbst an. Obwohl er in den Vereinigten Staaten sehr berühmt war, war er sehr verschwiegen und sprach nie über sein literarisches Werk. Eigentlich sprachen wir nur über Politik. Ich war hundertpro gaullistisch und es ärgerte mich maßlos, dass Saint-Exupéry sich nicht auf die Seite de Gaulles schlug. Wir haben uns über dieses Thema oft gestritten … Er war charmant, fröhlich, geistreich und sprudelte über vor Ideen. Aber das Schreiben fiel ihm schwer, er arbeitete am liebsten nachts. Manchmal rief er einen an, egal zu welcher Uhrzeit, um zu erzählen, woran er gerade schrieb.«

Der lebhafte, ein wenig aufdringliche, arbeitslose Saint-Exupéry ist auf Leute angewiesen, die ihn ein wenig ›kanalisieren‹, zumal er in seiner Unrast häufig trübe Gedanken über Frankreich wälzt, über den Krieg, über seine eigene Ohnmacht, sich nicht einbringen zu können, und über das Land seines Exils, in dem er sich sehr unwohl fühlt. Einige Freunde versuchen ihm zu helfen, darunter Henri Claudel, indem sie seine Aufmerksamkeit auf »etwas anderes« lenken – warum dann nicht zur Abwechslung einmal eine Erzählung für Kinder in der Art von »Alice im Wunderland«? Also macht sich der Schriftsteller an die Arbeit, doch es ist mühselig und es fließt viel Tinte auf Papier.

Das berichtet eine privilegierte, ja vielleicht die allererste Leserin des »Kleinen Prinzen«, Marie-Sygne Claudel – »Geschrieben mit einem S, weil es auf eine Figur namens Sygne de Coûfontaine aus dem Stück *Le Pére humilié* [»Der Erniedrigte«] von Paul Claudel zurückgeht. Mein Großvater fand, nicht ganz zu Unrecht, dass der Hals eines Schwans mehr wie ein S als ein C aussieht«, erklärt sie.

Marie-Sygne war noch ganz klein, als sie Saint-Exupéry bei ihren Eltern kennenlernte. Sie erinnert sich, dass er ihr Geschichten erzählte, um sie zu beruhigen, und dass »ihm der Kleine Prinz im Kopf herumging. Er testete seine Geschichte an den Kindern in seinem Umfeld«. So gehörte auch Marie-Sygne zu diesem erlauchten Publikum. Für sie erfand Saint-Ex zudem Kurzgeschichten, die er illustrierte. »Er hatte immer Schreibblocks dabei und machte ständig irgendwelche Skizzen mit dem Bleistift, die er anschließend in den Mülleimer warf. Die, die ich heute besitze, hat meine Mutter gerettet«, fügt sie hinzu.

Und seit all den Jahren lebt Marie-Sygne Claudel mit sieben Zeichnungen ihres alten Freundes. Drei Zeichnungen haben einen direkten Bezug zum »Kleinen Prinzen«. Die eine stellt eine Boa dar, die einen Fuchs verschlingt – im Buch wird er zu einem Elefanten. Auf der zweiten erscheint der Kleine Prinz höchst persönlich. Beide sind ohne Legende. Die dritte Zeichnung ist aquarelliert und zeigt den Kleinen Prinzen, mit einer Art Schmetterlingsnetz in Händen, der Text lautet: »Er ist ganz schön traurig, er wollte Marie-Sygne einfangen, aber er sieht nur Möwen …« Die anderen vier Zeichnungen erzählen eine kurze, in sich abgeschlossene Geschichte, deren Held ebenfalls ein kleiner Junge ist, allerdings nicht der Kleine Prinz.

1: »Dies ist das Porträt des kleinen Jungen, dem Marie-Sygne nicht gefällt – aber er gefällt Marie-Cygne auch nicht. Also sind sie quitt«, erläutert der Schriftsteller seine Zeichnungen.

2: »Dies ist ein kleiner Junge, der nach Marie Cygne ruft.«

3: »Dies ist ein kleiner Junge, dem Marie Cygne nicht gefällt. Also geht er weg.«

4: »Dies ist der Stern, auf dem Marie Sygne wohnte, bevor sie auf die Welt kam. Nachdem Marie Sygne weggegangen ist, ist der Stern erloschen.«

Sämtliche Zeichnungen sind signiert und tragen die Widmung »ihr Freund Saint-Exupéry«.[3]

Man bemerke die Unterschlagung des Bindestrichs und die Unsicherheit hinsichtlich der Schreibweise des außergewöhnlichen Vornamens seiner kleinen Freundin. Und man beachte in der letzten Zeichnung der Serie den eindeutigen Verweis auf den Plot der Erzählung, an der er gerade schreibt.

Es ist gut möglich, dass Saint-Exupéry der Figur des Kleinen Prinzen bestimmte Gesichtszüge der kleinen Claudel verliehen hat oder ihm einige ihrer Worte in den Mund legte. Vielleicht war es auch umgekehrt. Sicher ist, dass von dieser einzigartigen Unterhaltung zwischen einem traurigen und ziemlich lädierten Teufelskerl und Schriftsteller, der das Kind in sich bewahrt hatte, und einem vier- oder fünfjährigen Mädchen einige Zeichnungen zeugen, die er für sie anfertigte und in denen er dem Kleinen Prinzen seine eigenen Worte in den Mund legt. Marie-Sygne Claudel beendet ihre Geschichte mit den Worten:»Ich habe mein ganzes Leben mit diesen Zeichnungen verbracht, und ›Der kleine Prinz‹ ist seit jeher meine Bettlektüre. Ich bedaure sehr, nicht ein paar Jahre älter gewesen zu sein, denn dann wären meine Erinnerungen an Saint-Exupéry viel klarer.«

Kurze Zeit später bediente sich der Schriftsteller-Pilot ein letztes Mal seiner Figur, als er im Mai 1943 in Algerien jener Unbekannten schrieb, die er gern verführt hätte. Denn als sie sich seinen Avancen gegenüber wenig aufgeschlossen zeigte und sich auch nichts aus seinen Briefen machte, ließ er seinen Helden wiederaufleben und ihn all seinen Kummer und seine Wut ausdrücken. Dann verschwand er endgültig.

Auf dem Papier jedoch lebt der Kleine Prinz bis heute und ist inzwischen berühmter als sein Schöpfer. Ja, tendenziell hat er sogar das übrige Werk in den Schatten gestellt. Seit 1946, also dem Jahr, in dem die poetische Erzählung in Frankreich bei Gallimard postum erschien, wurden insgesamt 130 Millionen Exemplare des »Kleinen Prinzen« in 210 Sprachen verkauft[4], ein einmaliges Phänomen!

V Ein gaullistisches Komplott in Montreal?

Auch diesmal fing alles mit einer Fotografie an – einem wunderbaren Porträt von Saint-Exupéry aus dem Jahr 1942, aufgenommen von Annette und Basil Hardmann (der Name war schwer zu entziffern und ist daher vielleicht fehlerhaft). Es gleicht ein bisschen der Machart des Studio Harcourt. Der Schriftsteller erscheint im Dreiviertelprofil in *Sfumato*, einer von Leonardo da Vinci erfundenen Maltechnik. Auf den Lippen zeichnet sich ein leises Lächeln ab, es ist rührend und desillusioniert zugleich. Man muss dazu sagen, dass die Umstände seines Aufenthalts in Montreal eher unerquicklich waren …

Die Fotografie, die ich in der Sammlung des Espace Saint-Exupéry in Paris fand, war bisher unveröffentlicht und, so nahm ich jedenfalls an, ein Unikat. Quer über der linken oberen Ecke befindet sich eine Widmung, aus schwarzer Tinte, die inzwischen verblasst ist: »Für Madeleine [Nachname unleserlich], deren Mann Henri wie ein Bruder für mich ist. Es war mir eine große Freude, sie in Montreal wiedergetroffen zu haben. In alter, tiefer Freundschaft. Antoine de Saint-Exupéry.«

Ich veröffentlichte das Foto im *Figaro* mit dem Verweis: »Es wurde einer gewissen Madeleine gewidmet, deren Identität wir nicht feststellen konnten.« Kurz nach Erscheinen der »Montrealer Episode« in meiner Artikelserie erhielt ich einen Brief von einem gewissen Jean-Claude Monnet. Er schrieb, dass er 1946/47 eine Weile bei seinem Onkel und seiner Tante Henri und Madeleine Monnet in Paris gewohnt hatte. Dort »im Wohnzimmer meiner Gastgeber hing an prominenter Stelle das mit einer Widmung versehene Foto von Antoine de Saint-Exupéry«. Von diesem Foto und der Widmung fertigte er am 26. Oktober 1946 eine »schlechte Bleistiftzeichnung« an, von der er mir eine Kopie beilegte. Kein Zweifel, es war genau dasselbe Foto mit derselben Widmung. Saint-Exupéry hatte also beide Abzüge signiert. Nun konnte die Identität von Madeleine gelüftet werden.

»Madeleine Monnet, geborene Beaudry«, erklärte freundlicherweise ihr Neffe, »hielt sich fast den ganzen Zweiten Weltkrieg über in ihrer Heimatstadt Montreal in Kanada auf, hingegen ihr Mann, der Oberst Henri Monnet, sich 1944 als Widerstandskämpfer dem Bataillon Armagnac im Departement Gers anschloss. Nach der Landung amerikanisch-britischer Truppen in Nordafrika ging Madeleine Beaudry nach Algier und übernahm die Leitung des *French Radio News Desk*. Hier hatte sie die Gelegenheit, Antoine de Saint-Exupéry erneut zu begegnen.«

Jean-Claude Monnet legte seinem Brief die Kopie des Ernennungsschreibens bei, aus dem hervorgeht, dass Madeleine Beaudry am 8. Mai 1944 von Hauptmann J. Borden, Hauptquartier der Alliierten in Neapel, Division »Psychologisches Wohlergehen«, auf diesen Posten berufen wurde. Ihr Mann, der Bankier und Senatorenenkel Henri Monnet, »wurde 1965 von Jacques Chaban-Delmas in den Verfassungsrat berufen und beendete eine glänzende Karriere als Verfassungsrichter«.

Ein kleines Geheimnis war gelüftet – langsam gewöhnte ich mich an Wunder. Ich musste jetzt nur noch versuchen zu begreifen, was Saint-Exupéry in Montreal zu suchen hatte und wie es kam, dass aus einer Stippvisite, die nicht länger als 48 Stunden dauern sollte, ein mehrwöchiger, alptraumhafter Aufenthalt wurde. Da bedarf es nur eines kleinen Schrittes, um von einem »Komplott« zu sprechen, das seine »politischen Feinde« gegen ihn schmiedeten.

*

Soweit es sich heute rekonstruieren lässt, stellt der Montrealer »Zwangsaufenthalt« von Antoine de Saint-Exupéry im Frühjahr 1942 eine der abstrusesten Geschichten seines Lebens dar, dem es an Abenteuerlichkeiten weiß Gott nicht mangelte. Es war für ihn eine sehr schwierige und demütigende Zeit, an die er sich nur ungern erinnerte und von der ihm für den Rest seines Lebens ein handfester, leicht paranoider Groll gegen diejenigen blieb, die er dafür verantwortlich machte.

Die Einladung nach Montreal hatte der Schriftsteller auf den dringenden und wiederholten Wunsch seines kanadischen Verlegers Bernard Valiquette, der später *Pilote de guerre* (»Flug nach Arras«) veröffentlichte, angenommen. Es bestanden bereits Verbindungen nach Kanada: Seine großen Bücher »Südkurier«, »Nachtflug« und »Wind, Sand und Sterne« waren alle dort erschienen, seit Kriegsbeginn auch als Raubdrucke der Ausgaben von Gallimard freigegeben von der deutschen Zensurbehörde mit dem Vermerk *Imprimé au Canada/Printed in Canada*. Außerdem sollte in einigen Monaten das Buch einer Kanadierin namens Helen Mackay mit dem Titel *La France que j'aime* beim Verlag Éditions Variétés in Montreal erscheinen, für das Saint-Exupéry das Vorwort geschrieben hatte. Hierbei handelt es sich um einen von patriotischen Gefühlen strotzenden kurzen Text, der nach 1942 in Vergessenheit geraten ist.

Im Vorwort heißt es: »Helen Mackay hat lange in Frankreich gelebt. In der Stunde der Katastrophe setzte sie sich mit allen Kräften für die Linderung des Leids der Franzosen ein. Und wenn sie heute an dieses Frankreich zurückdenkt, tut sie es nicht wie gewöhnlich als ein Land, sondern als erinnerte sie sich an die Tonlage einer Stimme oder an ein bestimmtes Gesicht. Eben so, wie man an einen Freund zurückdenkt, der einen bekehrt hat.

Helen Mackay bringt auf diese Weise meinem Land eine großartige Huldigung entgegen, denn trotz der Niederlage, trotz des Schweigens ist es noch so lebendig, dass es das Herz weiter belästigen kann.«[1]

Saint-Exupéry bricht am 28. April 1942 von New York, wo er seit seiner Ankunft in den Vereinigten Staaten Ende 1940 lebt, nach Montreal auf. Ob er mit dem Zug oder mit dem Flugzeug reiste, ist nicht bekannt, seinen amerikanischen Biografen zufolge kommt beides in Frage. Er fährt allein: Seine Frau Consuelo, von der er seit 1938 mehr oder weniger getrennt lebt, ist ihm zwar zu Beginn des Jahres nachgereist, hat sich aber geweigert, ihn zu begleiten. Doch vor allem reist er ohne Visum.

Nach Saint-Exupérys Aussage wurde seine Abreise Hals über Kopf entschieden, außerdem hatten sowohl seine amerikanischen Verleger, Eugene Reynal und Curtice Hitchcock, als auch sein Literaturagent Maximilian Becker die formelle Bestätigung seitens des State Department in Washington und der kanadischen Vertretung in den USA erhalten, alles sei in bester Ordnung. Außerdem sollte der Autor gerade einmal 48 Stunden in Montreal bleiben, zwei Vorträge halten und dann zurückkehren. So sah es die Planung jedenfalls vor.

Bei seiner Ankunft steigt Saint-Exupéry im Hotel Windsor ab, in dem er die meiste Zeit verbringen wird. Er gibt eine Pressekonferenz, auf der er zur großen Enttäuschung der anwesenden Journalisten, die ihn auf politisches Terrain, ja Glatteis zu locken versuchen, sehr gemäßigte Ansichten zum Besten gibt. Vor allem aber spricht er ein Thema an, das mit dem aktuellen Zeitgeschehen rein gar nichts zu tun hat, ihm aber sehr am Herzen zu liegen scheint: Der Schriftsteller und seine Syntaxarbeit. Später gibt er auch einige Interviews, darunter Pierre Baillergeon für die Quebecer Zeitschrift *L'Amérique française*, und hält seine Vorträge.

Wir wissen nichts Genaues von ihrem Inhalt, dafür dank einiger Berichte aus dem Publikum ein wenig über den allgemeinen Tenor. So zeigt sich Annette Doré, eine Zuhörerin im Saal, sehr beeindruckt von Saint-Exupérys stattlicher Erscheinung, seinem gewandten Auftreten, seiner Melancholie und seinen Talenten als Sänger.

»Dieser große Junge war so seltsam gebaut, er hatte einen riesigen Oberkörper, sein Kreuz strahlte eine unheimliche Kraft aus, und in zwei Metern Höhe trug er den Kopf eines träumenden Lurches auf den Schultern, ich werde nie vergessen, wie er gesungen hat. [...] Ich sehe ihn noch vor mir. Er stand da, die Hände in die Taschen seines Jacketts vergraben, und er fing langsam an sich zu bewegen, aber nicht zum Rhythmus, sondern so, als würde ihn die Woge der Melodie schaukeln.«

Geschickt umgeht der Schriftsteller mit seinen Äußerungen, jedenfalls nach Aussage der gebannt zuhörenden Annette Doré, die Fallstricke, die ihm gelegt werden, indem er sich weigert, sich über Politik sowie seine Standpunkte und persönliche Meinung zu äußern: »Dieses Gezänk war ihm fremd, ihm ging es ausschließlich darum, in aller Aufrichtigkeit und Gewissenhaftigkeit von dem Drama zu berichten, dem er gerade entronnen war. ›Ich setze dieser Niederlage nicht noch eins drauf!‹, sagte er.«

Seine Ansichten legt er wenig später in einem »Brief an die Franzosen« dar,[2] der am 20. November 1942 auf Französisch in der Montrealer Tageszeitung *Le Canada* und am 29. desselben Monats auf Englisch im *New York Times Magazine* erscheint. Da ganz Frankreich von den Deutschen besetzt und folglich »Vichy tot [ist]«, appelliert Saint-Exupéry an seine Landsleute, die alten Zwistigkeiten zu beenden, und ruft zur Einigkeit auf: »Franzosen, versöhnen wir uns, um zu dienen!« Er kommt auf die jüngste Vergangenheit des Landes zu sprechen, seine »Spaltungen«, die ihm so viel Hass eingebracht haben, redet vom eigenen Wunsch, den Dienst wieder aufzunehmen – »ich möchte in Tunis die Kameraden der Gruppe 2/33 wieder finden, mit denen ich neun Monate im Feld stand« – und fordert die Franzosen auf, »gegenwärtig lieber militärischen als politischen Führern [zu] gehorchen«, deren einziger Ehrgeiz es ist, der Nation zu dienen. »Wir wissen vom General de Gaulle wie vom General Giraud, was sie von der Autorität halten: Sie dienen. Sie sind die ersten Diener.« Und schließlich ruft er alle Franzosen auf, um den Kriegseintritt der Vereinigten Staaten zu beschleunigen und dem daniederliegenden Europa zur Seite zu stehen, »ein Telegramm etwa folgenden Inhalts« an das State Department in Washington zu schicken: »Wir bitten um die Ehre, in jeder beliebigen Form dienen zu dürfen. Wir wünschen die Heranziehung aller Franzosen in den Vereinigten Staaten zum Wehrdienst. Wir sind im Voraus mit jedem Aufbau dieses Wehrdienstes einverstanden, wie er am wünschenswertesten erscheint. Doch da uns jede Entzweiung unter den Franzosen verhasst ist, haben wir den einen Wunsch, dass dieser Aufbau aus der Politik herausgehalten wird.«

Es ist nicht bekannt, wie viele Telegramme der Außenminister Cordell Hull nach diesem »Brief an die Franzosen« erhielt. Man weiß allerdings, dass er bei den Franzosen keineswegs auf allgemeine Zustimmung stieß.

Der Gaullist Jacques Maritain führte zum Beispiel am 19. Dezember 1942 in der Monatszeitschrift der Amerika-Franzosen *Pour la victoire* aus, es gebe in zahlreichen Punkten deutliche Meinungsverschiedenheiten. Unter anderem wirft er Saint-Exupéry »Nachsicht« gegenüber Vichy vor und, – im Hinblick auf die tiefen Gräben zwischen den Franzosen – »äußerst schlecht über die Widerstandsarbeit in Frankreich und die Geisteshaltung der Franzosen informiert zu sein«. Maritain stellt sich entschieden hinter de Gaulle, der »zusammen mit einigen Kameraden […] die Ehre Frankreichs wiederhergestellt hat«. Aber auch bei der Vichy-Regierung kam der Text nicht besonders gut an.

*

Kehren wir aber wieder nach Montreal zurück, wo Annette Doré ihren Bericht mit den Worten schließt: »In allem traf Saint-Exupéry das Wesentliche.« Dieses Wesentliche war für ihn damals die Literatur. Welchen Begriff er von ihr hatte, erläuterte er in einem Interview in *La Presse* vom 29. April 1942: »Mir graut vor der Literatur um der Literatur willen. Als einer, der sehr intensiv gelebt hat, vermochte ich über konkrete Dinge zu schreiben. Mein Beruf hat meiner Aufgabe als Schriftsteller Grenzen gesteckt.«

So weit, so gut. Saint-Exupéry hatte seine Vorträge gehalten, sein Soll war erfüllt. Jetzt konnte er nur noch in die New Yorker Öde zurückkehren. Doch dann beginnen die Dinge aus dem Ruder zu laufen.

*

Die kanadischen Behörden entdecken plötzlich, dass das Visum ihres Besuchers nicht in Ordnung ist – auch seine Berühmtheit und die Tatsache, dass seine Ankunft und sein Aufenthalt nicht unbemerkt geblieben sind, denn darüber wurde lang und breit in den Medien berichtet, helfen ihm nicht weiter. Saint-Exupéry wird offiziell und rein behördlicher Logik folgend davon in Kenntnis gesetzt, dass er unter diesen Bedingungen nicht in die Vereinigten Staaten zurückkehren darf. Außerdem könne es bis zu sechs Monate dauern, bis seine Aufenthaltssituation geregelt sei.

Die Sache zieht sich in die Länge. Die erste Phase bedeutet zwei Wochen Verwirrung, in denen Valiquette sich um seinen

Autor kümmert und ihn »freizubekommen« versucht. In diesen zwei Wochen fühlt sich Saint-Exupéry wie ein »doppelter Exilant«; es ist ein Alptraum für ihn. Er verkriecht sich in sein Zimmer im Hotel Windsor. Aber was macht er in dieser Zeit? Er bombardiert seine amerikanischen Verleger mit Briefen, in denen er sich mal in Vorwürfen, mal in Drohungen, mal in Verzweiflung ergeht: »Ich bin total krank vor Angst. Jede Nacht habe ich Leberkoliken«, steht in einem Brief an Curtice Hitchcock.[3] Er grübelt über die Vorbereitungen für seine Abreise nach, geht die Fakten immer wieder durch, um zu beweisen, dass er zu keinem Zeitpunkt leichtfertig gehandelt hat und ihm niemand dieses Missgeschick vorwerfen kann. Er brüllt wie ein Löwe im Käfig. Und wenn ihm klar wird, dass er übertreibt und vielleicht die Geduld seiner Freunde überstrapaziert hat, die es mit ihm doch nur gut meinen, entschuldigt er sich mehr schlecht als recht. Aber er schreibt auch noch andere, viel zärtlichere Briefe an Sylvia Hamilton oder Natalie Paley, vielleicht auch an beide. Und er schreibt weiter an *Citadelle*.

In der zweiten Phase wird Saint-Exupéry ernsthaft krank. Eine böse Gallenblasenentzündung fesselt ihn zwei Wochen ans Bett. Er hatte sich getäuscht, es war nicht die Leber, die ihm zu schaffen machte, sondern die Gallenblase.

*

Saint-Exupérys Arrest in Kanada erstreckt sich über fünf Wochen. Dies alles musste er wegen der Schwerfälligkeit der Behörden erdulden, deren Mühlen bekanntlich nur langsam mahlen, vor allem in Kriegszeiten. Aber für ihn stand zweifelsfrei fest: Er war das Opfer eines »gaullistischen Komplotts«. Befürworter de Gaulles in Washington hätten diesen Plan ausgeheckt, um ihm zu schaden, ihn in eine schwierige Lage zu bringen, ja vielleicht daran zu hindern, in die Vereinigten Staaten zurückzukehren.

Ganz ohne Frage lagen einige Gaullisten mit ihm im Clinch: weil er voreingenommen war gegen den General, den er eine Zeit lang einen »Diktator« schimpfte, und weil er es wiederholt abgelehnt hatte, sich dem Freien Frankreich anzuschließen, was viele seiner Freunde getan hatten, so auch Henri Claudel. Höchst suspekt war der Schriftsteller in ihren Augen aber vor allem wegen seiner mutmaßlichen Ernennung zum Nationalrat durch die Vichy-Regierung Anfang 1941 – und noch lange nach dem Krieg führte ein Teil der Kritik diese üble Kampagne weiter. Es war vermutlich der erbärmliche Versuch des »neuen Regimes«, die namhaftesten Intellektuellen, Schriftsteller und Wissenschaftler um sich zu scharen, und auf diese Weise ihr Plazet einzuholen. Am 31. Januar 1941 hatte Saint-Exupéry diese »Auszeichnung« in einer Erklärung in der *New York Times* mit allem Nachdruck öffentlich abgelehnt.

Die gedungenen Schreiberlinge der Kollaboration wiederum irrten sich nicht, als sie nach Erscheinen von *Pilote de guerre* im November 1942 das Buch als das hinstellten, was es im Grunde auch war: nämlich ein Akt des Widerstands. Sie wetterten gegen den Autor: »Ein Mann, der so voller Bewunderung für den fabelhaften Kameraden Israel ist«, schrieb ein gewisser Pierre-Antoine Cousteau am 8. Februar 1943 in der Zeitschrift *Je suis partout*, der sich im Übrigen brüstete, ein Freund von Léon Werth zu sein, »der kann die Opferung Frankreichs nur für legitim halten. Die Juden verlangen sie, also muss man klein beigeben. […] Besser noch, uns wird erklärt, […] dass die Niederlage Frankreichs nur etwas Vorübergehendes sei, die geopferte Vorhut beim siegreichen Angriff …«

Der »fabelhafte Kamerad Israel« ist eine der Hauptpersonen in »Flug nach Arras«, doch sein Name tauchte zuvor schon einmal auf, nämlich am Ende des »Briefes an die Franzosen«: »Als ich im Jahr 1940 an Bord einer von Kugeln durchlöcherten Maschine von einem Aufklärungsflug zurückkam, trank ich freudestrahlend einen ausgezeichneten Pernod in der Bar meines Geschwaders. Und ich gewann meinen Pernod im Poker von einem royalistischen Kameraden oder einem sozialistischen Kameraden oder vom Oberleutnant Israel, dem mutigsten unter uns, der ein Jude war. Und mit großer Zärtlichkeit tranken wir uns zu.«[4] Es war nicht anders zu erwarten, dass dieser Moment brüderlichen Beisammenseins, an den der Autor mit Freuden zurückdenkt, nachgerade das Symbol für die nationale Versöhnung, die sich Saint-Exupéry jenseits aller politischen, rassischen oder konfessionellen Spaltungen von ganzem Herzen herbeiwünscht, in den Augen der Kollaborateure als Provokation erscheinen musste. Léon Werth wiederum war einer der teuersten Freunde von Saint-Exupéry und derjenige, dem er den »Kleinen Prinzen« widmete. Er war es auch, obwohl er namentlich nirgends erwähnt wird, der den Schriftsteller zu seinem »Brief an einen Ausgelieferten« anregte, ein flammendes Plädoyer für die Freiheit und die Zivilisation gegen die »totale Tyrannei«, ein besorgter Appell für die Zukunft, an die »Ehrfurcht vor dem Menschen«.[5] Und auch er war selbstverständlich Jude.

Nicht nur die Standpunkte, die Saint-Exupéry vertrat (man denke beispielsweise an seine Reportagen über den Spanischen Bürgerkrieg, in denen er sich eindeutig auf die Seite der Republikaner schlug), nicht nur die Werte, für die er sein Leben lang einstand, allein schon eine solche Freundschaft reichte, um ihn in den Augen der Vichy-Anhänger verdächtig zu machen. Ganz abgesehen davon, dass die Angriffe von Cousteau zu Beginn jenen Jahres 1943 gegen den »Flug nach Arras« jeder Grundlage entbehrten, denn das Buch war bereits zwei Monate zuvor von eben jener Regierung, die er so vehement unterstützte, verboten worden. Und die patriotischen Leser im Lande mussten sich noch ein Jahr gedulden, bevor es wieder zu haben war – als Untergrundausgabe …

Es gab keine Zweideutigkeiten, keine Willfährigkeit gegenüber der Kollaboration – Saint-Exupéry war kompromisslos und durch und durch Patriot. Aber die Zweifel waren gesät und einige kluge Köpfe legten ihm diese Geschichte mit dem Nationalrat von Vichy zur Last. Zu ihnen gehörte auch André Breton, der sich schon inspirierter gezeigt hatte. 1942 finden sich Hinweise für ein schweres Zerwürfnis zwischen den beiden Männern, die beide im New Yorker Exil leben. Breton hatte wohl Saint-Exupérys »religiöse, gesellschaftliche, politische und philosophische« Standpunkte in Zweifel gezogen. Das hatte ihn offensichtlich so gekränkt, dass er sich bemüßigt fühlte, sich in brieflicher Form zu rechtfertigen – in einem trockenen, polemischen Ton, den er sonst nie anschlug, und indem er mit seinen Heldentaten prahlte, was er sonst nie tat: »Mein Standpunkt zum Nationalsozialismus war derart, dass ich im Krieg drei Versetzungen in den Wind schlug, die meine verdiente Person vor dem Tod retten sollten, darunter eine mitten in der deutschen Offensive.«[6] Es folgt eine Bekräftigung seiner Prinzipien – die Franzosen bewaffnen, sie versammeln, ihnen Opferbereitschaft einflößen, damit sie dem Heimatland dienen. Und dann bezeichnet er die von Breton und seinen Anhängern vertretene Doktrin, unter Berufung auf die zahlreichen surrealistischen Texte, die er in Zeitschriften gelesen hat, als »Anarchismus katalanischer Prägung« und »anarchistische Ideologie«; das waren Ideen, die in seinen Augen sehr gefährlich wären, setzte man sie in die Praxis um. »Ich behaupte, dass Sie zunächst einmal nicht behaupteten, gegen die Nazi-Bedrohung zu kämpfen, weil Sie sonst Verrat begangen hätten«, schreibt Saint-Exupéry. »Es ist nur allzu offensichtlich, dass Ihre Aktion von Goebbels persönlich hätte erwünscht sein können.«[7]

In Sachen Patriotismus wollte Saint-Exupéry von niemandem belehrt werden, und schon gar nicht von irgendwelchen »Etappenhengsten« …

Dennoch bereiteten ihm all diese Kontroversen, all diese Angriffe von allen möglichen Lagern auf dem Schlachtfeld der
französischen Politik, die in ihrer miniaturisierten New Yorker Version höchst komplex war, offensichtlich Missbehagen.
Objektiv gesehen hatte Saint-Exupéry sich eine Menge Feinde
unter denjenigen gemacht, die er für »einen Korb voller Krab-
ben« hielt. Und er war vielleicht doch nicht so paranoid, denn
ein Komplott war nicht ganz auszuschließen. Mangels Dokumenten lässt sich nicht restlos aufklären, ob die Episode von
Montreal ein Zufall oder von langer Hand geplant war. Die
Aussagen von Zeitzeugen sprechen einmal mehr für die eine,
dann wieder mehr für die andere Annahme.

*

Der Gaullist Henri Claudel glaubt keine Sekunde an die Theorie
des Komplotts. Anders klingen da die Aussagen eines anonymen
Korrespondenten, der sich an Pierre Baudet erinnert, »einen
jungen Professor an der Vassar University, der mit den Saint-
Exupérys in New York und Long Island näher bekannt war«.
Aufgrund seiner Gespräche mit Baudet und dem Botschafter
Henri Hoppenot, »einem ehemaligen Gefolgsmann von Alexis
Léger am Quai d'Orsay und Hardliner-Gaullist in Washington«,
glaubt er zu wissen, »dass Hoppenot nicht ganz unschuldig war
an dem Ärger, den sich Saint-Ex in Montreal eingehandelt hatte.
Nicht wegen seiner Papiere (da war er immer sehr chaotisch),
sondern weil er Interviews gab, die zumindest nicht gaullistisch
waren. Nichts war für Hoppenot einfacher, als von Washington
aus, wo er *intuitu personae* beim Außenministerium ein und aus
ging, für unangenehme Verzögerungen zu sorgen. Es ist durchaus denkbar, dass Hoppenot mehr oder weniger die Ursache für
die Hindernisse war, die sich Saint-Exupéry später in den Weg
stellten, als er zur Luftwaffe zurückkehren wollte«.

Die Tatsache, dass einige Gaullisten ihn derart an den Pranger stellten, lässt noch eine weitere Hypothese zu. So drängt sich nicht nur dem Großneffen des Schriftstellers, Jean d'Agay, folgende Frage auf: »Kann es sein, dass Saint-Exupéry 1940 von Pétain mit einem hochgeheimen Auftrag betraut wurde, der darin bestand, mit der amerikanischen Regierung in Kontakt zu treten und ihr die Botschaft zu übermitteln: Ihr müsst Frankreich helfen?«[8] Die Wahrheit schlummert in den Archiven und wird mit Sicherheit irgendwann ans Licht kommen ...[9]

*

Sicher ist jedenfalls, dass Saint-Exupéry in politischer Hinsicht ein großes Misstrauen gegen de Gaulle und seine Anhänger hegte. In einem bedeutenden Text, der in die Sammlung *Écrits de guerre* (»Kriegsschriften«) aufgenommen wurde,[10] legt er seine Vorwürfe dar: »Den Gaullismus auf eine Kurzformel gebracht? Eine Gruppe von Privatleuten [...] kämpft außerhalb des besiegten Frankreich, das seine Substanz retten muss. Und das ist sehr gut. Frankreich muss im Kampf anwesend sein.

Der General einer solchen Fremdenlegion hätte mich beim Kampf dabeigehabt. Diese Gruppe von Privatleuten jedoch hält sich für Frankreich [...] und beansprucht als Belohnung, das Frankreich von morgen zu regieren!

Das ist absurd, denn Aufopferung bedeutet im Kern doch, dass man keinerlei Recht hinzugewinnt. Das ist das Wesentliche. [...]

Sie glauben, sie wären Frankreich, wo sie doch Franzosen sein müssten. Das ist etwas ganz anderes!«

Es herrschte große Verwunderung darüber, dass der zutiefst patriotische Saint-Exupéry, ein Kombattant, der sein Land so sehr liebte, dass er dafür sein Leben gab, der nie die leiseste

Sympathie für Pétain zeigte (»Zweifellos, Vichy war grauenhaft«, schrieb er in einem Brief an Joseph Kessel, den er nie abschickte[11]), den Waffenstillstand ablehnte, aber auch gegen jedwede Form von Sektierertum und Säuberung war, die sich bereits ankündigten, ja dass er sich nicht dem »Mann des 18. Juni« anschloss, obwohl ihn mehrere gaullistische Freunde in New York in diese Richtung bearbeiteten.

Aber zwischen dem Hauptmann der Luftwaffe und dem General der Kavallerie sprang der Funke einfach nicht über. »Können wir Saint-Exupéry nicht auf unsere Seite holen?«, fragte de Gaulle 1941 in einem Telegramm aus Brazzaville seinen Gefolgsmann René Pleven. Damit zeigte der selbsternannte Chef des Freien Frankreich, dass er sich der Gewichtigkeit des in der ganzen freien Welt berühmten Schriftstellers vollkommen klar war. Doch am 30. Oktober 1943 hatte er sein Urteil gefällt, als er in Algier eine Rede hielt, in der er alle wichtigen französischen Schriftsteller Revue passieren ließ und dabei wohlweislich den Namen Saint-Exupéry, aber auch Saint-John Perse und André Maurois ausließ.

*

Eine sehr wichtige Aussage aus erster Hand relativiert die Dinge allerdings entschieden. »Wenige Tage vor seiner letzten Abreise«, erzählt André Gide, nämlich Anfang 1944 nach Algier, »nahm Saint-Exupéry an einer Zusammenkunft der Konsultativen Versammlung teil, auf der de Gaulle eine Rede hielt. Er war von seiner Ruhe, der Klarheit seiner Ansichten, der Stichhaltigkeit und Gewandtheit seiner Argumentation beeindruckt. Er tat seine Überraschung einem Vertrauten kund, der ihm beim Verlassen der Sitzung über den Weg lief, und fügte hinzu: ›Er ist allerdings tatsächlich stärker, weiser und größer, als ich erwartet hatte‹.«[12]

Wir sollten vielleicht ergänzen, dass Gide nicht parteiisch sein konnte, denn im Unterschied zu anderen war er kein militanter Gaullist, gleichwohl er im Juni 1940 ganz klar Position bezog: »Wie soll man mit Churchill nicht einverstanden sein? Sich nicht von ganzem Herzen der Erklärung General de Gaulles anschließen?«[13]

Andererseits hütete sich Gide wohlweislich, eine irgendwie geartete Gefolgschaft Saint-Exupérys zum Anführer des Freien Frankreich daraus abzuleiten beziehungsweise zu schlussfolgern. Er lässt aber anklingen, dass Saint-Ex, hätte er weitergelebt, wahrscheinlich seine »vehemente Voreingenommenheit« gegenüber dem General in einer seiner »plötzlichen und überraschenden Kehrtwendungen« aufgegeben hätte …

Zu einer Versöhnung zwischen den beiden Männern kam es nicht mehr. Aber am 31. Juli 1945, auf den Tag genau ein Jahr nach dem Verschwinden des Hauptmanns Saint-Exupéry über dem Mittelmeer, ließ General de Gaulle ihm zu Ehren im Dom von Straßburg einen Gedenkgottesdienst abhalten. Es gab leider keine Rede von André Malraux, der sich de Gaulle noch nicht angeschlossen hatte, und auch keine des Generals. Allem Anschein nach weilte er an diesem Tag gar nicht in Straßburg.[14]

Doch viele Jahre später – nach Aussage der Ehefrau des Dramatikers Marcel Achard war es 1959[16] – soll der General, der im Januar die Funktionen des Präsidenten der Republik übernommen hatte und nicht gerade als besonders selbstkritisch galt, sich Vorwürfe gemacht haben, Saint-Exupéry die Unterredung in Algier nicht gewährt zu haben, um die er diesen gebeten hatte: »Das hat mir großen Kummer gemacht.«

Das Leben Saint-Exupérys wimmelt nur so von nicht zustande Gekommenem, weshalb alle Freunde von Was-wäre-gewesen-wenn-Überlegungen ins Schwärmen geraten. Was wäre, wenn Saint-Exupéry de Gaulle in Algier getroffen hätte, wäre

er dann für sein Charisma und für seine Argumente empfänglich gewesen? Wir werden es nie erfahren.

*

Ende Mai 1942 konnte Saint-Exupéry schließlich in die Vereinigten Staaten zurückkehren. Doch eigentlich wollte er dieses
Land so schnell wie möglich verlassen, um seinen Dienst als Pilot der französischen Luftwaffe wieder aufzunehmen. Kein Jahr
später war es soweit, nachdem er mit einer seltenen Hartnäckig-
keit den amerikanischen Führungsstab der Luftstreitkräfte bearbeitet hatte. Trotz seines Alters – die Altersgrenze für einen
Piloten im aktiven Dienst lag damals bei vierzig Jahren –, seines
desolaten Gesundheitszustands (er hatte sich nie ganz von seinen Bruchlandungen erholt, besonders die letzte hatte ihm arg
zugesetzt) und seiner ramponierten seelischen Verfassung (vor
allem wegen der Zerwürfnisse mit Consuelo und anderer un-
glücklicher Liebschaften) – oder gerade wegen all dem, um zu
vergessen, um über sich selbst hinauszuwachsen – war es sein
innigster Wunsch, wieder Luftwaffenpilot zu sein und für sein
Land zu kämpfen. Denn das bedeutete, wieder fliegen zu können. Ahnte er am 20. April 1943, als er sich für Nordafrika ein-
schiffte, womöglich schon, dass ihm ein Rendezvous mit dem
Tod bevorstand?

VI Ein genialer Tausendsassa

Je weiter ich vorankam, desto deutlicher drängte sich mir das Bild eines Mosaiks auf. Wie passten die vielen scheinbar so unterschiedlichen Einzelteile überhaupt zusammen?

Saint-Exupéry hatte so viele Interessengebiete. Dazu gehörte neben der Fliegerei alles, was damit zusammenhing: Auf ihn gehen zahlreiche Erfindungen zurück, die eine Verbesserung der Flugzeugsicherheit und der Arbeitsbedingungen der Piloten zum Ziel hatten. Mathematik war seine Kopfgymnastik: Er liebte es, sich abstrakte, kniffelige, originelle Aufgaben zu stellen und zu lösen. Zaubertricks, Rätsel und Rateaufgaben, die er schon als kleiner Knirps gern vor Publikum präsentierte, waren seine Leidenschaft. Auf dem Gebiet der Ökonomie wälzte er eine Reihe von Gedanken – insbesondere über den Fortschritt – und skizzierte neue Systeme, durch die das Los der Arbeiter verbessert werden sollte. Politik interessierte ihn im weitesten Sinne des Wortes: Ohne Vorgaben und ideologische Prämissen dachte er über die Stellung des Menschen in der Welt nach und machte sich große Sorgen um die Zukunft. Der Vollständigkeit halber sollten hier aber auch Kunst, Kino, Musik und Literatur nicht unerwähnt bleiben. Immer wieder nahm er die Werke seiner Lieblingsautoren – vor allem der großen französischen Dichter des 19. Jahrhunderts – zur Hand und versuchte, wenngleich nicht immer brillant, die Gedanken festzuhalten, die sie ihm einflößten …

Das alles unter einen Hut und in einen logischen Zusammenhang zu bringen und nicht nur auf die Neugier eines vielseitig interessierten Menschen zurückzuführen, erschien mir ein unmögliches Unterfangen. Dabei war jedes Mosaikstückchen für sich genommen authentisch, von Belang und trug sein eigenes Quäntchen Licht zur Erhellung des auf so wundersame Weise weitläufigen und vielschichtigen Ganzen bei. Detail für Detail, Dokument für Dokument näherten wir uns dem wahren, von der Legende befreiten und in seinem Erleben wiederhergestellten Saint-Exupéry, davon war ich überzeugt.

Die beste Methode bestand darin, an die Quelle zurückzukehren: verstreute Texte aus seinem Nachlass zu lesen, insbesondere die unveröffentlichten, von denen die meisten in den Sammlungen der Succession Saint-Exupéry–d'Agay zu finden sind, aber auch einige außergewöhnliche Zeugen anzuhören, so etwa seine Kollegen André Gide und Albert Camus, beide exzellente Leser und gute Psychologen, die Saint-Exupéry gegenüber sehr wohlgesinnt waren (auch Camus unterstützte ihn nach Kräften bei Gallimard, bei dem beide de facto viel zu sagen hatten). Ihnen imponierte der quirlige, ständig übersprudelnde Geist ihres Freundes, und sie hatten eine große Achtung für seine grenzenlose Neugierde, die Ernsthaftigkeit nicht ausschloss. Saint-Exupéry war zweifellos ein ›Tausendsassa‹, aber kein Dilettant. Er ging leidenschaftlich an die Dinge heran, die er in Angriff nahm, selbst wenn sie häufig nicht gelingen wollten. Er schreckte vor keinen Mühen zurück, besaß eine unerschöpfliche Energie und hatte durchaus auch Züge von Sisyphos. Das gefiel den beiden Schriftstellern, die ein großes Faible für die griechische Mythologie hatten und sich in ihrem Werk mehrfach mit ihr auseinandersetzten. Lassen wir uns also von Gide und Camus an die Hand nehmen und uns durch den Dschungel der vielfältigen, auch weniger bekannten Interessen Saint-Exupérys führen.

*

101

In einem Text über die wirtschaftlichen und politischen Perspektiven der Zukunft mit dem Titel Wohlstand und Produktion stellt Saint-Exupéry die materielle Entwicklung der Menschen ihrem Konsumhunger gegenüber: »Nicht nur, dass die Produktion nicht schneller als die durchschnittlichen Bedürfnisse der Menschen wachsen kann, zum jetzigen Zeitpunkt hinkt sie diesen Bedürfnissen noch weit hinterher […]. Dem ungelernten Arbeiter mangelte es an Kaufkraft, nicht an Wünschen.«[1] In einem anderen Text mit dem Titel »Grundsätzliche Gedanken« geht er noch weiter: »Die Bedürfnisse des Menschen sind grenzenlos (jeder will einen Rolls Royce), folglich kann es gar keine Überproduktion geben, sondern nur einen ›Unter-Konsum‹.«[2]

Mit »Kapitalismus (neues Element)« skizziert er das Modell einer idealen Gesellschaft, das sich nicht grundsätzlich vom sowjetischen Gesellschaftsmodell unterscheidet: »Der Grund und Boden gehört dem Staat, der das Recht hat, es zu bewirtschaften; die Häuser, die Erträge abwerfen, also Hotels usw., gehören dem Staat und die Eigentümer werden zu Verwaltern (der Staat zahlt die Löhne, die Erlöse werden an den Staat gezahlt). Die Villa auf dem Land gehört dem Eigentümer, der sie verkaufen, vermieten oder tauschen kann. Der Garten und die Jagd gehören dem Eigentümer. (Werden die Früchte des Gartens außerhalb verkauft, dann wird der Eigentümer zum Verwalter und erhält vom Staat einen Prozentsatz der Erlöse, die an den Staat zu entrichten sind, als Lohn.)«[3]

Anhand einer schematischen Zeichnung, die schwer zu entziffern und zu deuten ist, versuchte der Schriftsteller die wichtigsten globalen Wirtschaftsmechanismen aufzuzeigen und neue Beziehungen zwischen Arbeit und Kapital zu entwickeln.

In einem Nationalen Handlungsplan rechnet Saint-Exupéry vor, dass »4.800.000 Einwohner 40.000.000 Einwohner ernähren, unter einem Dach unterbringen und einkleiden müssen«.[4]

Das Thema der Arbeitslosigkeit und der Gastarbeiter in Frankreich schneidet er in einem schärferen Ton an, wobei Letztere schon zu der Zeit, als er diese Zeilen verfasste – vermutlich in den 1930er Jahren, aber das Manuskript ist wie gewöhnlich undatiert –, für Erstere verantwortlich gemacht wurden: »Die Krise lässt sich nicht dadurch lösen, dass man 250.000 polnische Arbeiter durch Verhungern ermordet. Vielleicht liegt es sogar daran, dass es 250.000 Franzosen zu viel gibt.«

In einer »Notiz über Baudelaire«, dem Autor von »Die Blumen des Bösen«, den er seit seiner Jugend besonders verehrte, analysiert Saint-Exupéry in kryptischer Weise seinen Heilsbegriff und kommt auf die eigene spirituelle Suche zu sprechen: »Wenn ich ›Ich suche eine Religion‹ lese, dann ist das eine Sprache, nach der ich suche und die mich verklärt. Die eigene Wahrheit finden, bedeutet, die eigene Sprache finden, jene nämlich, die das Meiste von einem selbst im Bewusstsein zu entfalten verhilft.«[5]

*

Dies sind nur einige Beispiele aus dem Konvolut jener von Saint-Exupéry hinterlassenen Texte: allesamt unveröffentlicht, hand- oder maschinegeschrieben. Sie sind Zeugnisse einer »unablässigen Neugierde, mit der er sich in alle möglichen Probleme verbiss, mathematische, mechanische, ökonomische oder gesellschaftliche, von denen er erst wieder abließ, wenn er sie gelöst hatte«, wie André Gide in seinem Artikel im *Figaro* zu Ehren seines Freundes sechs Monate nach seinem Verschwinden schreibt.[6]

Saint-Exupéry, der Humanist von *Citadelle*, der Dichter, der manchmal in den Wolken schwebte, war aber nicht nur das Kind, das in einem viel zu großen Körper eingesperrt war und zeit seines Lebens dem verlorenen Paradies seiner Jugend nachtrauerte. Er war auch ein Kind seiner Zeit, den die Modernität und insbesondere ihr technischer Aspekt faszinierte, der ständig all die Probleme zu bedenken versuchte, die sie dem Menschen bereitet. Auf diese Weise entstanden die verstreuten, unzähligen Notizbücher, Blätter, Hefte, die er unablässig mit Überlegungen füllte und in seinen Hosentaschen und Koffern überallhin mitnahm und aus denen vielleicht eines Tages ein Buch hätte entstehen sollen.

Anfang der 1950er Jahre beschloss das Verlagshaus Gallimard auf Anregung von Pierre Chevrier – ein Pseudonym von Nelly de Vogüé, die sich, wie Paul Claudel berichtet, der sie sehr gut kannte, zwar »weigerte, über Saint-Ex zu reden, man aber wissen müsse, dass sie sehr eng befreundet waren« –, einen Teil dieses Materials in einem Buch mit dem Titel *Carnets* zusammenzutragen.[7]

Es war eine Mammutarbeit, das ganze Material zu sichten, zu entziffern, zu interpretieren, zu kommentieren und vor allem zu ordnen. Nach welchen Kriterien sollte dies geschehen: chronologisch (zwischen 1935 und 1940 füllte Saint-Ex sechs Hefte) oder thematisch?

Albert Camus wurde hinzugezogen, zeigte sich aber etwas ratlos, wie aus einem (2006 erstmals veröffentlichten) Brief vom Dezember 1952 an seinen Freund Michel Gallimard – mit dem er am 6. Januar 1960 in einem Autounfall umkommen sollte – hervorgeht: »Im Großen und Ganzen finde ich sie [die *Carnets*] enttäuschend, aber das bleibt bitte unter uns. Ich habe den Eindruck, dass sie nicht das enthalten, was im Kern das Denken und die Suche von Saint-Ex ausmachte, sondern vielmehr die Peripherie seiner Überlegungen. Tiefgründige oder wenigstens anrührende Gedanken sind darin selten. Man findet eher einer Ansammlung von ›Steckenpferden‹, manchmal übrigens sehr ernsten, wie sie jeder große Geist betreibt. Saint-Ex schneidet philosophische, kosmografische und politisch-ökonomische Probleme an, ohne sie zu vertiefen. Mit einem Hang zur Genauigkeit, der bei Intellektuellen ganz natürlich ist, weil sie stets darauf bedacht sind, dass man ihnen nicht vorwerfen kann, sie würden zu allgemein bleiben, ergeht er sich in Details, die manchmal leider nebensächlich sind. So mögen im Abschnitt über Wirtschaft die langen Kommentare über Bankinvestitionen durchaus interessant sein, aber nicht unbedingt für einen Leser, der von Saint-Ex etwas anderes erwartet.«[8] Das hatte er gut erkannt.

Camus befürwortete für die *Carnets* eine chronologische Reihenfolge, da »nur sie allein bei der Publikation der Notizen und Fragmente dem Autor treu bleibt«.[9] In weiser Voraussicht und entschieden fügte er hinzu: »Sollte mir persönlich ein solches Abenteuer widerfahren, ich würde mich von den Toten erheben, um zu verlangen, dass man mich meiner eigenen Zeitachse folgend präsentiert. Kein Verleger, sei er noch so intelligent oder noch so eng mit dem Autor befreundet gewesen, kann neu zusammensetzen, was nicht einmal der Autor zusammensetzen konnte, sondern der Zeit und der Verfertigung seines Denkens oder seiner Kunst überlassen hat.«[10]

Indes, die Adressatin dieser Botschaft, Nelly de Vogüé, hielt sich bei ihrer editorischen Arbeit nicht an Camus' Empfehlungen und das »Friede sei mit Saint-Ex«, mit dem er seinen Brief beschloss. Erst 1975 erschien eine Neuedition der *Carnets*, in der die chronologische Reihenfolge der Hefte beachtet wurde.

*

Camus war ein sehr aufmerksamer Leser und durchaus sehr treffsicher mit der Bezeichnung *touche-à-tout* (Tausendsassa) zur Charakterisierung von Saint-Exupéry.

Das heißt nicht, dass er es an Ernsthaftigkeit mangeln ließ, wenn er sich mit einem bestimmten Gebiet beschäftigte, das Gegenteil war der Fall. Camus hat das in seinem Satz über die »Steckenpferde« und die »großen Geister« deutlich gemacht. Gide seinerseits bemerkte in einem Artikel im *Figaro*, in dem er sich an einer Synthese post mortem der Persönlichkeit seines eklektischen Freundes versuchte: »Die meisten Leute wissen nicht, dass er sich mit seinen zahlreichen Patenten eine Art geheimen Ruhm erwarb, mit dem sich jeder andere zufriedengegeben hätte.«

In der Tat meldete Saint-Exupéry zwischen Dezember 1934 und Februar 1940 »zwölf Patente mit drei Zusatzpatenten« beim französischen Patentamt an. Dazu existieren »zwei maschinegeschriebene, aber nicht angemeldete Patente«.[11]

Dies waren im einzelnen eine Landevorrichtung für Flugzeuge, Patent Nr. 795.308: Anmeldung am 15. Dezember 1934, Erteilung am 6. Januar 1936, Veröffentlichung am 11. März 1936; und eine neue Landungsmethode für Flugzeuge bei schlechter Sicht samt Vorrichtungen und Apparaturen für ihre Umsetzung, Patent Nr. 836.790: Anmeldung in Paris am 8. Oktober 1937 um 16.51 Uhr, Erteilung am 25. Oktober 1938, Veröffentlichung am 25. Januar 1939. Im Patentblatt *Journal officiel* wird dargelegt: »Die Erfindung besteht im Wesentlichen aus der Verbindung zweier zirkular polarisierter Funkwellen, gesendet von zwei am Boden befindlichen Sendern, die möglichst an den Enden der Zugangsbasis zum Gelände stehen sollten, mit einem Empfänger mit optischem Anzeiger an Bord des Flugzeugs.« Wenige Tage nach diesem zweiten Patent folgt ein erstes Zusatzpatent (Nr. 49.453). Danach meldet Saint-Exupéry einen Winkelmesser an (Patent Nr. 837.676, Oktober 1937/Februar 1939), ein System für das wiederholte Ablesen von Apparaturen, die Maße anzeigen (Nr. 838.687, 1937/1939), ein System für den Auftrieb und Antrieb insbesondere von Flugzeugen (Nr. 850.093, 1938/1939) mit erstem Zusatz (Nr. 50.700,

1939/1941) und zweitem Zusatz (Nr. 50.809, 1939/1941), danach einen Routenschreiber insbesondere für Schiffe oder
Flugzeuge (Nr. 850.098, 1939/1942), ein neues Messverfah-
ren durch Überlagerung symmetrischer Kurven und Anwen-
dung auf Funkpeilgeräte (Nr. 870.607, 1939/1942), Verbesse-
rungen der Kontrollmöglichkeiten für Flugzeugmotoren in
der Luft mittels eines einzigen Anzeigegeräts (Nr. 861.203,
1939/1941), eine neue Startvorrichtung für Motoren, insbesondere Flugzeugmotoren (Nr. 861.386, 1939/1941), eine neue Or-
tungsmethode über elektromagnetische Wellen (Nr. 924.903,
1940/1947) und schließlich die neue Vorrichtung eines Funk-
Kompasses (Patent ohne Nummer und Datum).

Ob all diese Erfindungen von Saint-Exupéry, die vielleicht
eine Folge seiner persönlichen Missgeschicke, möglicherweise
auch seiner Flugunfälle waren, tatsächlich das Stadium der
Fertigung erreichten und das Leben der Piloten verbesserten,
ist nicht bekannt. Immerhin erachtete Jean Métayer im *Journal de la prestidigitation* (Heft 165 vom März/April 1952) seine
»Methode, die eine Flugzeugortung ermöglicht« als »findig«:
»[D]as System basiert auf dem Fortbestehen retinaler Erre-
gung dadurch, dass eine Vorrichtung mit Lichtern, die abwechselnd jeweils 1/10 Sekunden lang aufleuchten, bei den feind-
lichen Piloten, die Aufklärungsflüge durchführen, ein Phänomen der Blendung bewirken«.

*

Was aber hat Saint-Exupéry im *Journal de prestidigitation*, einer
Zeitschrift für Zauberkünstler, zu suchen? Dafür hatte natürlich ein anderes seiner Steckenpferde gesorgt: Tonio liebte Ma-
gie, Zauberkunststücke, Kartentricks und Denkspiele seit seiner
frühesten Kindheit. Seine Verwandten, seine Schwestern und
Neffen sowie seine Freunde können dies bezeugen. »Er konnte

sein Publikum stundenlang unbeschwert in Atem halten«, erzählt Gide, »mit selbst erfundenen Spielen oder brillanten Kartentricks, die ihm den Ruf des Hexenmeisters unter den wilden Völkerschaften einbrachten, zu denen ihn der Zufall einer Notlandung geführt hatte.«[12]

Und Jean Métayer fährt fort: »Keine Kunstform ließ ihn kalt und alles, was das Ausdrucksbestreben und Suchen des Menschen bekundete, berührte ihn. Es war also ganz normal, dass er die Zauberei liebte, eine subtile Kunst voller Geheimnisse und Poesie und eine unerschöpfliche Quelle seelischer Beobachtung.«[13]

Im selben Artikel kommt auch einer seiner Kampfgefährten zu Wort: Der Hauptmann Florentin erinnerte sich, wie Saint-Exupéry im Februar 1940 in Orconte, wo die Gruppe 2/33 stationiert war, eines Tages den General Vuillemin mit seinem Geschick blendete: Der Vorgesetzte hatte ihn mit einer kleinen Mogelei in die Falle zu locken versucht, Saint-Ex aber erriet die Karte, die der General aus dem Stapel gezogen hatte, anhand einer scheinbar harmlosen Bemerkung. Es war der Karobube. »Bei diesen Worten machte sich auf dem Gesicht des Generals ein großes Staunen breit, er gab seine Mogelei zu und erklärte Saint-Exupéry zum größten Hexenmeister aller Zeiten.«[14]

Es war ein Hobby, ohne Zweifel, aber Saint-Exupéry nahm es genauso ernst wie alles andere. Und es half ihm, seinen nimmermüden erfinderischen Geist zu trainieren.

Bekannt ist beispielsweise sein »Was täten Sie?«-Spiel[15], das er vermutlich 1942 aufschrieb und das die Form eines surrealistischen *Cadavre exqui*s aufweist:

Was täten Sie, wenn Legionen die Meere belebten?
Was täten Sie, wenn Schatten einen angenehmen Duft
                              verströmten?
Was täten Sie, wenn Nacht wäre?

Ich würde die Schlangen betören.
Ich würde alle käuflichen Dinge erwerben.
Ich würde einen König krönen.

Was täten Sie, wenn es keine Schwerkraft gäbe?
Was täten Sie, wenn die Kirche Sie kanonisierte?
Was täten Sie, wenn Sie Trübsal blasen würden?

Ich nähme einen knorrigen Stab, um mich zu rächen.
Ich würde Brände legen.
Ich hätte großen Durst.

Auch das knifflige Rätsel des Pharaos, dessen Typoskript im Besitz der Succession Saint-Exupéry–d'Agay ist,[16] kennt man.

Ein Pharao beschloss, ausschließlich aus behauenen Steinkuben mit 10 cm Seitenlänge eine massive, gigantische Stele in der Form eines Quaders zu errichten, deren Höhe der Diagonale der Grundfläche entsprechen sollte.

Er befahl einer bestimmten Anzahl von Beamten, dass sie jeweils den gleichen Anteil an dem für die Errichtung der Stele benötigten Material zusammentragen sollten. Dann starb er.

Zeitgenössische Archäologen fanden nur eines der Steindepots wieder. Sie zählten insgesamt 348.960.150 Steinkuben.

Sie wussten nichts von den anderen Depots, außer dass ihre Gesamtzahl aus mystischen Gründen eine Primzahl sein musste. Dank dieser Entdeckung konnten sie jedoch die Maße der geplanten Stele berechnen und beweisen, dass es nur eine mögliche Lösung gibt.

Tun Sie es ihnen gleich.

Scherzhaft fügt der Rätsel-Meister außerdem noch hinzu:

Da dieses Problem keines zahlenmäßigen Herantastens bedarf, liefern wir Ihnen, um Ihnen diese lästige Arbeit zu ersparen, die bei der Zerlegung der Zahl 348.960.150 auftretenden Primfaktoren, nämlich: 2 · 35 · 52 · 7 · 11 · 373

Die mühsame Erarbeitung der Lösung auf empirischem Weg zählt nicht.

Die Lösung, so viel sei verraten, ist wesentlich umfangreicher als die Problemstellung selbst!

*

Saint-Exupéry, der unter heftigen Stimmungsschwankungen litt, konnte der heiterste, lustigste, witzigste Kumpel sein, wenn er Spiele erfand, sang oder musizierte. »Er spielte perfekt Geige und hatte eine tiefe Ehrfurcht vor Händel und besonders vor Mozart«, schreibt Jean Métayer.[17] Man erinnere sich auch an seine frühe herausragende Begabung für die Karikatur, die er sein Leben lang praktizierte, wobei er seine »Kumpane« – immer im Profil und mit größter Zartheit – beim Entspannen in Casablanca im Jahr 1921[18] ebenso gut wiederzugeben vermochte wie einen Comte René Bouët-Willaumez, den großen Modeillustrator, den er 1942 in New York bei ihrem gemeinsamen Freund, dem Maler Bernard Lamotte, kennengelernt hatte.[19] Mit seinem spitzen Strich machte er auch vor sich selbst, seinem Mondgesicht mit der kleinen Himmelfahrtsnase nicht Halt, die ihm den verhassten Spitznamen *Pique-la-lune* (»Mondpiekser«) eingebracht hatte. Saint-Exupéry konnte sich aber auch stundenlang in Schweigen hüllen, Trübsal blasen und sich den Kopf über Fragen zerbrechen, die ihm am Herzen lagen.

Saint-Exupéry war ein Humanist, frei von jeder Ideologie und ohne genaue Festlegung. Aber war er wirklich jener »Kryptokommunist«, für den ihn einige hielten, der von einer idealen Gesellschaft träumte, deren Struktur er hartnäckig neu zu erfinden suchte? Die fragmentarischen Schriften, die er zu dieser Thematik hinterlassen hat, sind nicht klar genug, um eindeutige Lehren daraus zu ziehen. Eines ist allerdings sicher, er hasste die »politisierende Politik«, wie Camus es ausdrückte, und stellte das Personal der Dritten Republik an den Pranger. Dies stellte einen der Gründe für sein anhaltendes Misstrauen gegen General de Gaulle und seine Anhänger dar – eine Animosität, die ihm manchen Ärger einbrachte.

Man könnte Saint-Exupéry als Menschen mit einem unbefangenen Geist bezeichnen. Ein solcher Geist lässt sich nicht einordnen – für die einen wirkt das anziehend, für die anderen, bodenständigeren, eher irritierend. Daher rührt wohl das Unverständnis, ja die Feindseligkeit, mit der ein Teil der literarischen Elite dem Schriftsteller nach der Veröffentlichung von *Citadelle* und den *Carnets* begegnete. Doch das geschah alles nach dem Krieg. Diese Bücher hat Saint-Exupéry nicht selbst zusammengestellt. Und er konnte sie nicht mehr verteidigen oder sich zu den Gedanken äußern, die er darin formuliert.

VII Die Suche nach dem Verschollenen

Am 31. Juli 1944 kehrte Hauptmann Antoine de Saint-Exupéry von einem Aufklärungsflug nicht zurück und wurde so zur Legende. Sein dramatischer und mysteriöser Tod verlieh seinem irdischen Ruhm eine mythische Aura.

Aufgrund des andauernden Krieges mussten die Ermittlungen verschoben werden. Doch Ende der 1940er Jahre wurden mehrere Suchaktionen vor der Küste von Nizza durchgeführt, da man annahm, das Flugzeug von Saint-Exupéry wäre in dieser Gegend ins Meer gestürzt. Hanebüchene Hypothesen, unzuverlässige Zeugenaussagen, schlampig geführte Ermittlungen lösten einander ab und wurden in regelmäßigen Abständen von der Presse aufgegriffen. Eine Hypothese lautete, dass Saint-Exupéry in den Alpen verschwand. Auch glaubte man mehr als einmal, den deutschen Piloten ausfindig gemacht zu haben, der den französischen Feind abgeschossen hatte, ja sogar den Flakschützen, der auf ihn feuerte. Das setzte voraus, dass er im Kampf gestorben war. Aber auch die Hypothese, dass es sich um einen technischen Defekt, ein mechanisches Problem, kurz einen Unfall handelte, ließ sich nicht ausschließen; in diesem Zusammenhang sprach man zum Beispiel von einem Versagen der Sauerstoffmaske. Schließlich wurde auch die Theorie eines Selbstmords aufgestellt: Saint-Exupéry hätte beschlossen, sich einen glänzenden Abgang zu verschaffen und sein Leben wie ein Samurai zu beenden …

An diese letzte Möglichkeit wollten aber die Verwandten und Freunde von Saint-Exupéry, die jahrelang mit der düsteren, immer wieder neu aufgerollten Selbstmordgeschichte konfrontiert wurden, niemals glauben. Ein Freitod passte überhaupt nicht zu seinem Charakter und zu seinem Pflichtbewusstsein. Denn schon der Kleine Prinz sagt zum Fuchs: »Ich bin für meine Rose verantwortlich ...«[1] Wahr ist aber auch, dass er anschließend verschwand ...

Um diesem letzten Geheimnis auf die Spur zu kommen, erschien mir eine einzige Methode die richtige: sich an die Fakten zu halten. Und abermals bediente ich mich der Archäologie. Diesmal war es allerdings keine literarische, sondern die Unterwasser-Archäologie.

Ich konnte drei damals noch vertrauliche Dokumente aus dem Jahr 2004 einsehen: den vorläufigen Untersuchungsbericht von Pierre Becker (Generaldirektor des Vereins Aéro-Re.L.I.C., der Flugzeugwracks lokalisiert und identifiziert) »über das Wrack eines Luftfahrzeugs aus dem II. Weltkrieg im Seegebiet vor Marseille nordöstlich der Île de Riou«; die Expertise über ebendieses Wrack, erstellt durch die Unfallermittlungsstelle des Verteidigungsministeriums; und schließlich den unglaublich detaillierten Bericht über die Identifizierung der Flugzeugteile.

Das klingt alles recht überzeugend. Die Lockheed P-38 Lightning, deren Überreste vor der Küste von Marseille gefunden wurden, scheint wirklich das Flugzeug von Saint-Exupéry gewesen zu sein. Das würde auch erklären, warum ein Fischer aus der Gegend fünf Jahre zuvor in der Nähe der Wrackfundstelle sein Silberarmband fand.

Nun weiß man zwar, wo das Flugzeug abstürzte, aber nicht warum. Die Anzahl der geborgenen Flugzeugteile lässt keine Rückschlüsse auf die Ursache der Katastrophe zu. Aber schon Saint-Exupérys Mutter Marie pflegte zu sagen: »Lasst Antoine in Frieden, dort, wo er ist.«[2] Die Familie, zumindest die ältere Generation, hat ihre Meinung seitdem nicht geändert. Die Jüngeren kennen die Geschichte ihres berühmten Ahnen nur aus den Erzählungen der Eltern oder aus Büchern und Zeitungen. Und so verfolgten sie mit Interesse, dass ein ehemaliger Jagdflieger der deutschen Luftwaffe namens Horst Rippert im März 2008 behauptete, er habe an jenem 31. Juli 1944 eine P-38 Lightning in besagtem Gebiet abgeschossen. Aber woher will man wissen, dass es wirklich die Maschine Saint-Exupérys war?

Man wird es durch methodisches und umsichtiges Vorgehen beweisen müssen. Archäologie hat eben oft mit Detektivarbeit zu tun.

*

Nach drei Jahren intensiver Suche konnten am 1. September 2003 endlich Teile eines Flugzeugs geborgen werden, das in achtzig Metern Tiefe im Seegebiet vor Marseille nordöstlich der Île de Riou auf dem Grund des Mittelmeeres lag: das Fahrwerk, ein Stück der Luftschraube sowie Reste der Kabine und vor allem des Fahrgestells. Die Ortungs- und Bergungsarbeiten wurden durch die Firma Comex durchgeführt, die in den Bereichen Industrie- und archäologisches Tauchen eine führende Rolle innehat. Sie arbeitet eng mit dem Institut Français de Recherche pour l'exploitation de la Mer (IFREMER) und dem Verein Aéro-Re.L.I.C. zusammen, der sich auf die Lokalisierung und Identifizierung von Flugzeugwracks spezialisiert hat und von ihren Gründern Pierre Becker und Philippe Castellano geleitet wird. Die Arbeiten fanden unter der Federführung des Département des recherches archéologiques subaquatiques et sous-marines (Drassm) in Marseille statt.

Das Wrack konnte anhand der »auf der Innenwand des Turboladers des Steuerbordmotors« vom Werk Lockheed in Burbank/Kalifornien eingravierten Inschrift »LAC 2734« identifiziert werden. Damit handelt es sich eindeutig um »das

Teile der Lockheed Lightning P-38, die an der Küste vor Marseille geborgen wurden, © ullstein bild, AP

zweimotorige, einsitzige Kampfflugzeug vom Typ Lockheed Lightning F-5B P-38 mit der Registriernummer 42-68223, die im Dezember 1943 von der US Air Force in Dienst genommen und am 31. Juli 1944 als von ihrem Aufklärungsflug nicht zurückgekehrt gemeldet wurde, mit dem Piloten Hauptmann Antoine Marie de Saint-Exupéry am Steuer«. Dies ist der präzise, offizielle und sachlich-kühle Wortlaut des »vorläufigen Berichts« für die französischen Luftstreitkräfte, den die Herren Becker und Castellano im Januar 2004 gemeinsam unterzeichneten.

In dem Bericht wird erklärt, dass die »weit verstreuten und stark beschädigten« Teile des Luftfahrzeugs am 23. Mai 2000 von Luc Vanrell, Direktor der Firma Le Comptoir des sports sous-marins, entdeckt wurden, der nach dem Wortlaut des Gesetzes ihr »Erfinder« ist. Becker und Castellano heben hervor, es müsse sich um »einen äußerst heftigen Aufschlag der Maschine auf See« gehandelt haben, der »sicherlich mit hoher Geschwindigkeit in Verbindung mit einem gestreckten, beinahe vertikalen Einfallswinkel erfolgte«. Das zeigen auch die Aufnahmen einzelner Teile, die ziehharmonikaartig zusammengequetscht sind. Außerdem erwähnt der Bericht, dass die Fachleute auf den Fundstücken »keinerlei besondere Eindrücke oder Spuren eines möglichen Abschusses« finden konnten, wobei »aufgrund der spärlichen Reste« ein abschließendes Urteil über einen entscheidenden Punkt nicht möglich sei: War die Bruchlandung der Lightning ein Unfall oder wurde die Maschine von einem deutschen Jagdflieger abgeschossen?

Nachdem Lockheed einwandfrei nachweisen konnte, dass es sich um das richtige Flugzeug handelt, wurde der sensationelle Fund am 7. April 2004 öffentlich gemacht, knapp sechzig Jahre nach dem Verschwinden Saint-Exupérys. Im Mai 2004 wurden die Wrackteile, die man inzwischen auf der Luftwaffenbasis 125 in Istres-Le Tubé zwischengelagert hatte, einer zweiten

Expertise unterzogen, die die Unfallermittlungsstelle des Verteidigungsministeriums (Bureau enquêtes accidents, BEA) auf Betreiben des Beauftragten für das französische Lufterbe der Luftstreitkräfte durchführte. Für dieses offizielle Gutachten wurden die Fundstücke technisch auf das Gründlichste und mit Hilfe von Fotos und Videos untersucht, wobei die Schlussfolgerung lautete, »dass sie allem Anschein nach vom Flugzeug des Hauptmanns Antoine de Saint-Exupéry stammen«. Ist das nun die Lösung eines sechzig Jahre alten Rätsels, das Bäche von Tinte fließen ließ, das die Medien und die Leser der Werke Saint-Exupérys in Atem gehalten hat, viele Polemiken auslöste, sogar Prozesse nach sich zog und der Anlass für mehr oder weniger haarsträubende Hypothesen, Thesen und Gegenthesen war? Es scheint so. Aber wie dem auch sei, heute befinden sich die Wrackteile im Musée de l'Air et de l'Espace in Le Bourget und können in einer Saint-Exupéry gewidmeten Abteilung besichtigt werden.

*

Was Saint-Exupéry in seinem letzten Lebensjahr tat, ist recht genau bekannt. Nach seiner Abreise aus den Vereinigten Staaten am 20. April 1943 tritt der künftige Hauptmann – er wird am 25. Juni desselben Jahres in diesen Rang befördert – wieder in den aktiven Dienst bei der Gruppe 2/33 ein, die jetzt unter amerikanischem Kommando steht und mit den für damalige Verhältnisse hochmodernen Lightning P-38, der neuesten Entwicklung von Lockheed, ausgerüstet wird. Nach mehreren Trainingswochen in Algerien, wo ihm ein Militärarzt eine Unbedenklichkeitsbescheinigung für Höhenflugeinsätze ausstellt, stößt er wieder zu seiner Staffel, die in La Marsa in Tunesien stationiert ist. Es folgen zwei Kriegseinsätze – Fotoaufklärungsflüge über dem Rhônetal und der Provence. Bei seinem zweiten Einsatz kommt es zu einem Unfall bei der Landung, was den Kommandanten der 2/33 angesichts seines Alters veranlasst (die Altersgrenze für die P-38 lag bei 35 Jahren!), ihm die Flugerlaubnis zu entziehen. Niedergeschlagen lässt er sich in Algier nieder, wo er – mit Ausnahme eines Kurzaufenthalts in Casablanca im September 1943 – bis zum Frühjahr 1944 ständig weilt.

Auf sein nachdrückliches Drängen hin und dank der Vermittlung einiger Vorgesetzter seiner Freunde erhält er schließlich vom US-General und Oberbefehlshaber der alliierten Luftstreitkräfte des Mittelmeeres Eaker die Erlaubnis, sich der nunmehr in Alghero auf Sardinien stationierten Staffel 2/33 anzuschließen. Von Mai bis Juli fliegt er mehrere Einsätze (auf dem Papier wurden ihm nur fünf genehmigt), die alle mit technischen Pannen oder Unfällen einhergehen: Einmal fängt der linke Motor Feuer, ein andermal fällt die Sauerstoffmaske aus, am 29. Juni zwingt ihn eine Motorpanne zu einer Notlandung auf dem Flughafen Poretta in der Nähe von Bastia.

Dort im Norden von Korsika, in Borgo, ebenfalls nahe Bastia, schlägt die Gruppe 2/33 am 17. Juli 1944 ihre Zelte auf. Saint-Exupéry fliegt weiter *mapping missions* über dem französischen Festland: Es handelt sich um Fotoaufklärungsflüge, die der Erstellung zuverlässiger Landkarten dienen, welche für die bevorstehende Landung der Alliierten in Südfrankreich – am 15. August 1944 – von größtem Nutzen sind. So kommt es, dass Saint-Exupéry am 31. Juli 1944 morgens um 8.25 Uhr in einer Lightning P-38 von Poretta aus startet. Er ist allein an Bord. Sein Flugzeug ist nicht bewaffnet, der Sprit reicht für sechs Stunden Flug. Um 8.30 Uhr gibt es einen letzten Funkkontakt, danach nichts mehr.

Erst sind die Kameraden in Borgo besorgt, aber als sie ihn gar nicht wiederkommen sehen, machen sie sich keine Illusionen mehr. Auf dem Dienstplan wird er als »fehlend« eingetragen und es wird ein bis zur Lächerlichkeit detailliertes Inventar

Während eines Aufklärungsfluges, 1944, © ullstein bild, John Phillips

seiner Habseligkeiten erstellt[3], »das einen ergreifenden Kommentar zu seinem Leben abgibt«[4], wie es bei der Biografin Stacy Schiff heißt.

Radio Algier verkündet die traurige Nachricht zuerst. Man spricht von »Verschwinden«. In der Familie, die sich nach Cabris geflüchtet hat, ist man es gewohnt, den *tonton miracle*, den »Wunder-Onkel«, wie ihn sein Neffe Jean d'Agay nennt, plötzlich wieder auftauchen zu sehen. Sie gibt die Hoffnung nicht auf. Uns liegt eine interessante Aussage von François Moreau de Balasy über jenen Tag vor, an dem die Nachricht publik gemacht wurde. Er hat sie uns freundlicherweise zugeleitet.

François Moreau wurde 1923 in Cannes geboren und von Comte de Balasy-Belvata adoptiert, einem Adligen ungarischer Abstammung, der über die Familie seiner Mutter »im dritten oder vierten Grad« mit den d'Agays verwandt war. Im Sommer 1944 schloss er sich in Grasse der Widerstandsbewegung an, die die Landung der Alliierten in Südfrankreich vorbereitete. Danach war er Offizier bei den Streitkräften des Freien Frankreich (FFL) und rückte bis nach Deutschland vor.

»Ich war gerade mit meiner (weitläufig verwandten) Cousine Gabrielle d'Agay, der Schwester von Antoine, zu Besuch bei Marie de Saint-Exupéry in Cabris, wie ich dies ab und an tat«, erzählt François Moreau de Balasy, »als im Radio die Nachricht vom Verschwinden des Flugzeugs von Saint-Ex kam. Marie stand kerzengerade da und sagte lange kein Wort. Ich sehe sie noch vor mir, groß und gravitätisch in einem langen dunklen Kleid.«

Von Tag zu Tag fällt das Hoffen schwerer, auch wenn Marie und ihre Kinder und Kindeskinder »etwa bis zum Tag der Befreiung immer noch an eine Rückkehr geglaubt haben«, wie mir Jean d'Agay erklärt. Dann wird eine Verlautbarung herausgegeben: Antoine de Saint-Exupéry gilt offiziell als verschollen. Aufgrund seines hohen Bekanntheitsgrads ist die allgemeine Betroffenheit groß. »Wir weigerten uns, der Verlautbarung zu glauben«, erzählt der mit Julien Green befreundete Schriftsteller Robert de Saint-Jean am 30. September 1944 im *Figaro* und fügt hinzu: »Wir geben die Hoffnung trotzdem nicht auf und erinnern uns daran, wie oft Saint-Exupéry in der Vergangenheit Verstecken mit dem Tod gespielt hat!« Doch diesmal war es leider kein Spiel.

Am 31. Juli 1945 findet in Straßburg schließlich die nationale Gedenkfeier statt. 1948 wird erklärt, Saint-Exupéry sei »gefallen für das Vaterland«. Dann folgt in der Ausgabe des *Journal officiel* vom 12. März 1950 postum eine ehrenvolle Erwähnung des Hauptmanns der französischen Luftwaffe Antoine de Saint-Exupéry dafür, dass er »1940 ebenso wie 1943 seine Hingabe zu dienen und seinen Glauben an das Schicksal des Vaterlandes erwiesen hat« und »am 31. Juli 1944 auf dem Rückflug von einem Aufklärungseinsatz hoch über seinem vom Feind besetzten Heimatland einen ruhmreichen Tod starb«.

*

Saint-Exupéry war tot, gewiss. Es blieb nur die Klärung der genauen Umstände seines Verschwindens, die Absturzstelle ausfindig zu machen und zu versuchen, wenn nicht seine Überreste, so zumindest die seiner Maschine zu finden.

1950 berichtete Hermann Korth, ein Pfarrer aus Aachen und ehemaliger Fliegeroffizier, er hätte seinerzeit davon Kenntnis gehabt, dass am 31. Juli 1944 eine Lightning P-38 über dem Mittelmeer von einer deutschen Focke-Wulf abgeschossen worden war. 1972 tauchte postum die Aussage des Oberfähnrichs Robert Heichele auf, der behauptete, er habe die Lightning bei einem Aufklärungseinsatz oberhalb von Castellane um die Mittagszeit beschossen. Heichele selbst starb allerdings bereits sehr viel früher – er kam im August 1944 ebenfalls bei einem Einsatz ums Leben.

Sehr spät, in den 1990er Jahren, macht eine Einwohnerin von Carqueiranne eine Aussage, deren Glaubwürdigkeit aufgrund der vergangenen Zeit ebenfalls zweifelhaft ist. An jenem schicksalhaften Tag 1944 habe sie angeblich gesehen, wie die Lightning abgeschossen wurde. Dann habe das Meer den Leichnam eines Soldaten an den Strand gespült, der namenlos auf dem kommunalen Friedhof bestattet wurde. War es Saint-Exupéry? Um das herauszufinden, müsste die Leiche exhumiert werden und ein DNA-Vergleich mit seiner Familie erfolgen, die sich stets gegen solche Untersuchungen ausgesprochen hat.

Jüngst kamen nun die Erinnerungen von Horst Rippert hinzu. Allerdings ist der ehemalige Jagdflieger inzwischen sehr alt … Die Familie von Saint-Ex plant dennoch, sich mit ihm zu treffen, um sich ihre eigene Meinung über sein – sehr spätes – Geständnis zu bilden, er habe als Angehöriger des Jagdgeschwaders 200 die Maschine Saint-Exupérys abgeschossen.

Sicher ist: Enthüllungen dieser Art entfachen das Interesse sowohl der Fachleute als auch des breiten Publikums jedes Mal aufs Neue.

*

War der Tod des Schriftsteller-Piloten also auf einen Beschuss der Deutschen zurückzuführen? Oder stürzte er ab, weil es einen weiteren der unzähligen technischen Defekte gab? Oder hatte er einen Schwächeanfall? Seit Monaten ging es ihm gesundheitlich nicht gut. Einige spekulierten sogar über einen Selbstmord wegen seines körperlich angeschlagenen Zustands, weil ihm sein Gefühlsleben sehr zu schaffen machte und er an der sich ankündigenden Welt, in der er sich nicht mehr zurechtfand, verzweifelte. Diese Annahme scheinen einige seiner letzten Schriften zu bestätigen, die eindeutig pessimistisch ausfallen. Seine Verwandten dementieren dies, wie sollten sie auch anders. Sie mussten sechzig Jahre damit leben, keinen Abschied von ihm nehmen zu können.

Im Laufe jener Jahrzehnte haben sich etliche Teams, die einmal besser, einmal weniger gut vorbereitet waren, der Suche nach dem berühmten Lightning-Wrack verschrieben. Lange Zeit beschränkten sie sich auf das Gebiet vor der Küste Nizzas. Dann gab es 1998 einen wundersamen Fund: In Sormiou, nicht weit von Marseille entfernt, stieß Jean-Claude Bianco, der Vorsteher der Fischer von Cassis, auf ein seitdem berühmtes Silberarmband – ein Geschenk von Consuelo an ihren Mann. Es trug, damit er sich in dem Straßengewirr von Big Apple nicht verirrte, folgende Gravur: ANTOINE DE SAINT-EXUPÉRY (CONSUELO) c/o REYNAL AND HITCHCOCK INC. 386 4TH AVE. N.Y. U.S.A.

Die Nachricht schlug ein wie eine Bombe. Und es brach ein Kampf um die Rechte an dem Schmuckstück aus, der mehrmals neu aufgerollt werden musste und bis 2004 andauerte. Heute, nach ordnungsgemäßer Authentifizierung und Rückgabe an die Familie, befindet sich das Silberarmband – genauer das Teilstück des Silberarmbands – im Museum von Le Bourget. François d'Agay, der in diese Geschichte besonders involviert war, macht auf ein entscheidendes, aber unwiederbringlich verlorenes Detail aufmerksam: »Das Tragische ist, dass das Armband rundum bewachsen war, als der Lehrling des Fischers Bianco es heraufholte, und dass wohl noch ein kleines Stück Stoff daran hing, das aber nicht aufbewahrt wurde. Vielleicht befanden sich ja noch andere interessante Dinge daran, die man hätte untersuchen können.« So wurde wieder eine Gelegenheit verpatzt. Die Geschichte vom Silberarmband jedoch, die groß und breit durch die Medien ging, hatte den positiven Effekt, dass die Suche nach dem Wrack doch wiederaufgenommen wurde, diesmal aber in der Nähe von Marseille. Und schließlich konnte dort 2003 der entscheidende Fund gemacht werden.

Aber kann man sicher sein, dass die Reste der Lightning, die in Sormiou geborgen wurden, von der Maschine Saint-Exupérys stammen? Eine hundertprozentige Gewissheit gibt es nicht. Ein letzter Zweifel bleibt, solange keine weitere bedeutende Entdeckung gemacht wird. So wird man vermutlich niemals die ganze Wahrheit über Saint-Exupérys Tod erfahren. Wir wissen nur, dass der schon zu Lebzeiten berühmte Schriftsteller genau das Ende fand, das er sich gewünscht hatte: als Kampfflieger am Steuer seiner Maschine. Denn wie er in seinem allerletzten Brief vom 30. Juli 1944 an seinen Freund Pierre Dalloz schrieb: »Wenn ich abgeschossen werde, wird es mir überhaupt nicht leid tun. Mir graut vor dem Ameisenbau der Zukunft. Und ich hasse die Tugend der Ameisen als Roboter. Ich wurde geboren, um Gärtner zu sein.«[5] Ganz wie ein gewisser Kleiner Prinz …

VIII Ein irrwitziges Erbe

Unsere Ausgrabungen neigten sich dem Ende. Die Leerstellen im Mosaik wurden weniger, die Stückchen fügten sich aneinander. Saint-Exupéry, verschollen, ins Meer gestürzt, wiedergefunden, vielleicht. Und vermutlich würde er auf ewig grablos bleiben, so wie andere obdachlos sind.

Wir waren gerade dabei, die Gerätschaften wieder einzupacken, bis zu dem Tag, an dem neue Dinge in Erscheinung treten würden, die bedeutsam genug sind, um den Fall Saint-Ex wieder aufzurollen. Doch ausgerechnet zu diesem Zeitpunkt geschah ein letztes kleines Wunder, denn ich erhielt von einer der »Akte Saint-Ex« nahe stehenden Quelle eine unglaubliche Information: Nach dem Krieg wäre es fast zu einem Prozess gekommen zwischen Saint-Exupérys Familie (seiner Mutter Marie, seiner Schwester Simone) und seiner Witwe Consuelo, die der Anfertigung gefälschter Dokumente bezichtigt wurde, in der Absicht, sich neben dem ihr gesetzlich zustehenden Erbteil die Urheberpersönlichkeitsrechte am Werk ihres verstorbenen Schriftstellergatten zu erschleichen. So kurz nachdem Hauptmann Saint-Exupéry offiziell als »gefallen für Frankreich« erklärt worden war und sein Vaterland ihm feierlich die letzte Ehre erwiesen hatte, hätte eine Enthüllung der Angelegenheit angesichts seines Weltruhms und der einsetzenden Legendenbildung sicher einen Riesenskandal ausgelöst. Für Marie, das Familienoberhaupt, war diese Vorstellung inakzeptabel. So fasste sie einen Entschluss und arrangierte 1947 ein »gentlewomen agreement«, das die Witwe in ihre Schranken wies. Das hielt Consuelo allerdings nicht davon ab, zu Lebzeiten und nach ihrem Tod mittels ihres Anspruchsberechtigten José Martinez immer wieder auf diese Angelegenheit zurückzukommen und zu versuchen, die Vereinbarung in Frage zu stellen. Von all dem war nie etwas nach außen getragen worden, selbst innerhalb der Familie wusste niemand davon. Erst durch einen unvorhergesehenen Umstand – in diesem Fall einen Rechtsstreit mit der US-amerikanischen Produktionsfirma Paramount über eine Adaptation des »Kleinen Prinzen« für das Kino – kam die Sache ans Licht.

Abgesehen vom anekdotischen Charakter dieser Geschichte und der Erbärmlichkeit derartiger Angelegenheiten, konnte ich eine Reihe wichtiger Schlussfolgerungen daraus ziehen. Zunächst einmal war die Feindseligkeit, die José Martinez gegenüber der Succession Saint-Exupéry–d'Agay an den Tag legt, besser nachzuvollziehen. Er hatte bei unserem Treffen klar und deutlich gesagt, dass er nicht akzeptieren kann, dass ihm im Rahmen des Urheberpersönlichkeitsrechts keine Rechte am Werk von Saint-Exupéry zugestanden werden. Dadurch ist er gezwungen, die Familie um Erlaubnis bitten zu müssen, wenn er eines Tages Texte, Briefe oder Zeichnungen des Autors vom »Kleinen Prinzen« für eine Veröffentlichung aus seinen Koffern holen möchte. Solange die beiden Parteien es nicht schaffen, sich an einen Tisch zu setzen und eine Einigung zu erzielen, wird der Nachlass weiter an mehreren Orten lagern und versprengt bleiben.

Nun verstand ich auch, warum Consuelo in Hinblick auf die postumen Geschicke des Werkes ihres Mannes nie ein Wörtchen mitzureden hatte. Letztlich habe ich mich in meiner Meinung bestärkt gefühlt, die Rolle Consuelos im Leben und Werk Saint-Exupérys zu relativieren. Sie spielte eine wichtige Rolle, zweifellos, aber wohl nicht die wichtigste. Ich denke, dass Louise de Vilmorin oder Nelly de Vogüé ebenso entscheidend für seinen Werdegang und seine Arbeit gewesen sind. Andere Biografen gebärden sich dagegen als Retter der Witwe – glücklicherweise ohne Waisen – und wieder andere feiern ausufernd das ach so romantische Paar, das Tonio und Consuelo angeblich waren … Diese Sichtweisen halten jedoch einer Prüfung anhand der Fakten, Daten und Zeugenaussagen nicht stand.

Nachdem ich Teile der »Akte Saint-Ex« studiert hatte, fiel mir wieder ein weiteres Detail ein. Einmal interviewte ich den Autografen- und Manuskript-Spezialisten Frédéric Castaing zum literarischen Erbe Frankreichs und erwähnte dabei, dass ich gerade einige Nachforschungen über Saint-Exupéry anstellte, woraufhin er mir freundlicherweise ein unveröffentlichtes und außergewöhnliches Dokument zufaxte. Es war ein Vertrag in Briefform, unterzeichnet im Juni 1943 von Maximilian Becker, Saint-Exupérys Literaturagent in den Vereinigten Staaten, und Orson Welles höchstpersönlich. Der Meister von *Citizen Kane* erwarb eine Option auf die Adaptation des »Kleinen Prinzen« für die Leinwand. Das Projekt kam leider ebensowenig wie Jean Renoirs Verfilmung von *Terre des hommes* zustande. Diesmal scheiterte es an Walt Disney, der für eine Zeichentrickversion hinzugezogen worden war, aber letztlich ablehnte. Consuelo versuchte später dann, diese Rechte, die ihr Mann zu Lebzeiten bereits abgetreten hatte, an die Filmproduktionsfirma Paramount zu verkaufen.

So fand ein letztes Steinchen, das ich mir gleichsam als Kuriosität zunächst aufgehoben hatte, ohne zu wissen, was ich eigentlich damit anfangen sollte – außer vielleicht, dass ich die Succession Saint-Exupéry–d'Agay davon in Kenntnis setzen wollte, an die Frédéric Castaing aber ohnehin eine Kopie des besagten Vertrages geschickt hatte –, seinen Platz in einer Ecke des Mosaiks.

*

Dieses große Geheimnis schlummerte also seit über sechzig Jahren im Schoß der Familie von Saint-Exupéry. Erst vor kurzem, und auch nur per Zufall, wurde es von den Familienmitgliedern entdeckt, die heute seinen Nachlass verwalten.

Im Rahmen eines Filmprojekts hatte die Succession Saint-Exupéry–d'Agay, die über das Urheberpersönlichkeitsrecht am Werk des Schriftstellers verfügt, die Rechte am »Kleinen Prinzen« für die Realisierung eines Zeichentrickfilms auf der Grundlage des Buches abtreten wollen, da erhielt sie vor einigen Monaten einen Drohbrief von Paramount Pictures. Darin wurde mitgeteilt, die Produktionsfirma sei exklusiver Rechteinhaber der Verfilmungsrechte am »Kleinen Prinzen«, die man 1946 von Consuelo de Saint-Exupéry erworben habe, der Witwe des Schriftstellers und laut Urteil des Gerichts von New York »Verwalterin seines Nachlasses«.

Paramount hatte 1974 bereits *The Little Prince* produziert, ein Filmmusical mit Richard Kiley in der Rolle des Piloten, Steven Warner als Kleinem Prinzen und Gene Wilder als Fuchs. Die Regie führte Stanley Donen, der Autor des Kultfilms *Singin' in the Rain* (»Du sollst mein Glücksstern sein«) von 1952. Aber dies hier war mit Sicherheit nicht das Beste, was er im Laufe seiner beruflichen Karriere zustande brachte, mit anderen Worten, den Film kann man vergessen. Jedenfalls behält sich Paramount laut Schreiben das Recht vor, irgendwann weitere Adaptationen zu produzieren, außerdem werde das Unternehmen konkurrierende Projekte unter keinen Umständen billigen.

Die Familie ihrerseits beruft sich auf ihre Urheberpersönlichkeits- und Erbschaftsrechte und spricht Consuelo jede Berechtigung für diese Verhandlungsführung ab, wobei sie die Witwe der Urkundenfälschung zum Zwecke der Anerkennung als Erbin ihres berühmten Mannes beschuldigen. Vermutlich wird es als trauriges Nachspiel einer verworrenen Situation, die fünfundsechzig Jahre zurückliegt, zu einem Prozess zwischen der Succession und Paramount kommen.

Als Antoine de Saint-Exupéry am 31. Juli 1944 verschwand, hinterließ er kein Testament. Hauptmann René Gavoille, der befehlshabende Offizier der Gruppe 2/33 berichtet wie folgt von seinen letzten Wünschen: »Hauptmann Saint-Exupéry […] redete nie über persönliche Angelegenheiten mit uns und hielt sich diesbezüglich stets sehr zurück. […]

Wir wussten, dass er seiner literarischen Arbeit eine große Bedeutung beimaß, obwohl er kaum darüber sprach, und natürlich hatten wir Kenntnis von dem Koffer mit dem Zahlenschloss, in dem er seine laufende Arbeit unter Verschluss hielt. Erst auf der Flugbasis von Borgo (Bastia) auf Korsika erzählte Saint-Exupéry von diesem Koffer. Damals sagte er mir, dass er seine letzten Werke enthielt und dass ich ihn, sollte ihm etwas zustoßen, nach Algier bringen sollte, zu Dr. Pélissier, den er mir 1940 vorgestellt hatte und der die Anweisung hatte, ihn seiner Freundin Madame de V. [alias Nelly de Vogüé, die sehr enge Freundin Saint-Exupérys und seiner Familie] zu übergeben. Ich selbst kannte diese Person auch, während des Feldzugs 39/40 war sie öfter bei der Gruppe zu Besuch gewesen. Hauptmann Saint-Exupéry teilte mir diesen Wunsch in den allerletzten Tagen vor seinem Verschwinden mit …

Als er am 31. Juli 1944 nicht zurückkehrte, glaubten wir zunächst nicht, dass er endgültig verschollen war. Die Landung der Alliierten im Süden stand unmittelbar bevor, und da eine Verlegung meiner Escadrille geplant war, trug ich Kapitän Corre auf, die Habseligkeiten von Hauptmann Saint-Exupéry, insbesondere den Koffer mit dem Ziffernschloss und den Manuskripten darin, nach Algier zu bringen und Dr. Pélissier zu übergeben.«[1]

Dr. Georges Pélissier war ein Freund Saint-Exupérys. Saint-Ex wohnte von Mai 1943 bis zu seinem Aufbruch nach Sardinien im Februar 1944 bei ihm in Algier in der Rue Denfert-Rochereau 17 zur Untermiete. Er beherbergte ihn am 25. Juli 1944 wenige Tage vor seinem Verschwinden sogar noch ein letztes Mal.

»Es war sein ausdrücklicher Wunsch«, berichtet Pélissier, »dass Nelly de Vogüé den Koffer mit den Manuskripten bekommt, um ihn an Gallimard weiterzuleiten. Ich bin im Besitz eines Papiers, das dies bezeugt. Antoine hat es auf der Rückseite eines Einsatzbefehls vom 7. Mai 1944 vermerkt. [...] Diese wenigen Zeilen sind der – leider unvollständige – Entwurf für ein Testament.«[2] Obwohl ohne Datum und Unterschrift, sind diese Zeilen »ein unwiderlegbarer Beweis zur Bekräftigung meiner Zeugenaussage«, führt Dr. Pélissier fort, »die ohne Wenn und Aber lautet: Der Holzfaserkoffer mit der Ziffer 240 und den Manuskripten war nicht für Consuelo bestimmt«.[3] Er gelangte nach der Befreiung Frankreichs über Nelly in die Hände der Erben, sprich seiner Mutter, der Comtesse Marie de Saint-Exupéry, und seiner Schwestern Simone de Saint-Exupéry und Gabrielle d'Agay.

Ein detailliertes Inventar der Habe Saint-Exupérys wird in doppelter Ausfertigung erstellt, von denen Kopien in der »Akte Saint-Ex« liegen. Bei Dr. Pélissier in Algier befanden sich folgende Gegenstände[4]: eine Schranktruhe, hauptsächlich mit Kleidung und kleinen persönlichen Gegenständen (Rosenkranz, Elektrorasierer, Zäpfchendose usw.), aber auch »privaten Briefen und Fotos«; ein Armeesack *made in USA* mit Kleidung (die Gruppe 2/33 stand unter US-amerikanischem Oberkommando); eine kleine Truhe mit dem Schild »C. de St. E.«, in der sich ebenfalls Kleidung und Wäsche befanden, aber auch Zeitschriften und Bücher (vor allem aktuelle Untersuchungen über Japan und Nazideutschland, eine Mussolini-Biografie und Hitlers »Mein Kampf«) sowie Fotos und »vierzehn handgeschriebene Seiten«; schließlich noch ein »mahagonibrauner Le

derkoffer« mit einem Mantel, zwei Paar Schuhen »samt Schuh-
spannern«, zahlreichen Gegenständen und Büchern über Hit-
ler und den Krieg (darunter ein weiteres Exemplar von »Mein
Kampf«), aber auch Romane wie *Sainte-Unefois*, das Erstlings-
werk seiner geliebten Louise de Vilmorin, und ein Exemplar
seines *Petit Prince* in französischer Originalfassung. Einige dieser Koffer hatte Consuelo ihrem Mann nach seiner endgültigen
Abreise aus New York am 20. April 1943 nachgeschickt. Zu diesen Habseligkeiten gesellt sich, was der Pilot Corre bei Dr. Pélissier ablieferte: »einen großen fahlroten Lederkoffer mit den
Buchstaben ASE« gefüllt mit Kleidung; ein »fahlrotes Leder-
köfferchen« mit diversen Gegenständen, Briefen, Fotografien
und vier maschinegeschriebenen Manuskripten »eines unbekannten Autors«; vor allem aber besagten »gestreiften Holzfaserkoffer mit Zahlenschloss«, Nr. 240, in dem sich Briefe, Notizbücher aus rotem Leder, handgeschriebene Seiten und »fünf
schwarze Bucheinbände mit einem maschinegeschriebenen
Werk« befinden. Es ist das Typoskript von *Citadelle*, dem Buch,
an dem Saint-Exupéry seit 1936 mehr oder weniger kontinu-
ierlich arbeitete.

Am 16. November 1944 lässt Consuelo von den USA aus
über ihren amerikanischen Anwalt bei Dr. Pélissier nachfra-
gen, ob er im Besitz eines Testamentes ihres Tonio ist. Am 12.
Oktober 1945 wird Hauptmann Antoine de Saint-Exupéry für
tot erklärt – gefallen im Kampf für Frankreich.

Mittlerweile war besagter Koffer nach Paris geschickt worden. 1946 erstellen zwei Gutachter im Auftrag der Librai-
rie Gallimard, »mit der Saint-Exupéry einen Exklusivvertrag
hatte«[5], ein Inventar seines Inhalts. Sie finden »sechs Hefte, von
denen die ersten fünf ein fünfbändiges Werk darstellen«. Laut
Dekret vom 1. Germinal des Jahres XIII (22. März 1805) und
Gesetz vom 14. Juli 1866 geht das Werk eines Autors an dessen
Erben über, wenn kein Testament vorliegt. Consuelo ficht dies

an. So beginnen im Dezember 1946 Verhandlungen zwischen den Anwälten von Marie und Simone de Saint-Exupéry einerseits und der Witwe andererseits. Man zieht eine paritätische Aufteilung der »Erlöse aus dem Werk des lebenden Autors und aus dem postumen Werk« in Erwägung. Doch damit ist die Frage nach dem Urheberpersönlichkeitsrecht noch nicht geklärt und außerdem übertreibt es Consuelo ständig: »Die Ansprüche von Madame Consuelo de St Exupéry nehmen in dem Maße zu, in dem wir das kleinste Zugeständnis auch nur leise andeuten«, schreibt Rechtsanwalt Paul Villard im März 1947 an seine Klientinnen und fügt hinzu: »Ich glaube, dass wir nicht umhinkommen, eine einstweilige Verfügung zu erwirken und anschließend die Frage der Devolution des Nachlasses von Antoine de Saint-Exupéry vor Gericht zu klären.«[6] Daraufhin bereitet Simone de Saint-Exupéry einen Klageentwurf vor. Consuelo wiederum behauptet, über zwei Beweisstücke in ihrem New Yorker Safe zu verfügen, aus denen hervorgeht, dass »ihr Mann sie als Alleinerbin seines Werkes vorsah«: einen Liebesbrief von Antoine an sie, verfasst am 30. März eines nicht genannten Jahres und einen maschinegeschriebenen Brief ohne Datum, der an *Chère Nada* adressiert ist. In beiden vermacht Saint-Exupéry das Gesamtwerk seiner Frau.

Die beiden Briefe werden Villard vorgelegt und die Familie kann mit Leichtigkeit nachweisen, dass Nada der Vorname von Madame de Bragance ist, der Frau eines brasilianischen Prinzen, mit der Saint-Exupéry sich 1942 anfreundete und die 1946 verstarb. Dieser Brief kann nichts mit Consuelo zu tun haben. Bei dem anderen erweist sich, dass der maschinegeschriebene Text eine Abschrift des handschriftlichen Briefes ist.

Daraufhin zaubert Consuelo zwei weitere Schriftstücke hervor, zwei »eigenhändige Testamente«, die auf den 1. Januar und den 29. Juni 1944 datiert sind. Das erste Testament entpuppt sich als eine handgeschriebene »Collage«[7] aus einem authentischen Brief Saint-Exupérys an seine Frau, neunzehn Zeilen lang und seiner Gewohnheit entsprechend undatiert, dem Consuelo eigenhändig folgende Zeilen hinzugefügt hat:

Consuelo, meine Gattin: Sollte ich fernab von Ihnen sterben, überlasse ich Ihnen mein Werk. Sie sind mein einziger Erbe.
Ihr Ehemann.
Antoine de SAINT EXUPÉRY
I Januar 44

Ein Schriftenvergleich und eine zeitliche Ungereimtheit (im Brief spricht Saint-Ex von seiner Lightning; im Januar 1944 weilt er jedoch in Algier, ist krank, deprimiert und »in Reserve«, weil ihm die Flugerlaubnis entzogen worden war) reichen, um »den Nachweis für eine Fälschung zu erbringen«. Das zweite Testament besteht aus einer Zeichnung wie aus dem »Kleinen Prinzen« und ist mit folgendem Text versehen:

29/6/44
Wo ist meine Consuelo? Meine Frau, mein Liebling. Sollte ich umkommen, Consuelo chérie, überlasse ich Ihnen mein Werk, Sie sind mein einziger Erbe
Ihr Ehemann
Antoine de SAINT EXUPÉRY
Achten Sie auf Ihre Gesundheit, passen Sie auf sich auf, schützen Sie sich für mich

Eine Untersuchung von Spezialisten hat ergeben, dass die Zeichnung »mit keiner von Saint-Exupérys Zeichnungen übereinstimmt« und der Plagiator seine Zeichnung erst mit dem Bleistift skizziert und anschließend mit Tinte nachgezogen hat, was Saint-Exupéry nie machte. Zum Datum gibt Simone de Saint-Exupéry zu bedenken, dass Saint-Ex just an diesem Tag zwischen Tunis (anlässlich einer Taufe) und Algier unterwegs war und keine Zeit hatte, einen Brief zu schreiben und abzuschicken. Consuelo hat vermutlich die Monate Juni und Juli 1944 verwechselt! Und die Erklärung Simones ist beweiskräftig genug.

In diesem Moment spricht Marie de Saint-Exupéry, die alle, die sie gekannt haben – so auch François Moreau de Balasy – als »eine sehr eindrucksvolle Frau« beschreiben, als Familienoberhaupt ihr Machtwort. Auf gar keinen Fall will sie einen Prozess oder einen Skandal. Die sprichwörtlich schmutzige Wäsche soll nicht in der Öffentlichkeit gewaschen werden, denn das hieße, das Andenken ihres Sohnes, des Helden, der für das Vaterland gefallen ist, so kurz nach seinem Tod zu trüben. Es werden also Verhandlungen zwischen den Parteien geführt. Am 29. Mai 1947 wird eine Einigung erzielt und unterzeichnet. Die Autorenrechte und die aus dem Werk von Saint-Exupéry resultierenden Nebenrechte gehen zu gleichen Teilen an Consuelo und an seine Familie: zuerst an Marie, dann an ihre Kinder, danach an ihre Kindeskinder usw. Eine Ausnahme bilden die Rechte, die in den USA liegen und Consuelo zustehen. Sie verfügt hingegen über keinerlei Urheberpersönlichkeitsrecht am Werk ihres Mannes. In diesem zentralen Punkt waren weder Marie noch ihre Nachkommen jemals zu einem Kompromiss bereit.

Consuelo sah sich gezwungen, in die gütliche Einigung einzuwilligen, da sie andernfalls eine Anklage wegen versuchten Betrugs und eine Gefängnisstrafe fürchten musste. Zugleich kam ihr Einwilligen einem Schuldeingeständnis gleich, denn sonst hätte sie sicherlich prozessiert. Trotzdem blieb sie hartnäckig und erhob später mehrmals weitere Forderungen. Marie aber, die »Consuelo mochte und immer verteidigt hat«, wie ihr Enkel François d'Agay berichtet, insbesondere gegen Simone, die Consuelo nicht leiden konnte, blieb standfest. Und zwar bis zu ihrem Tod im Alter von 97 Jahren im Jahr 1972.

Kaum weilte Marie nicht mehr unter den Lebenden, unternahm Consuelo einen neuerlichen Versuch, ihren Anteil am Erbe zu vergrößern, da sie sich durch die Vereinbarung von 1947 benachteiligt fühlte. Sie räumte ein, dass sie zu jener Zeit »Opfer einer Depression« gewesen sei und »Dummheiten« gemacht habe …[8] Doch nun hat sie es mit Simone zu tun, deren Rechtsanwalt – seit 1947 derselbe – über sämtliche Beweise verfügt, um die nimmersatte Witwe zur Vernunft zu bringen. Am 20. September 1972 schreibt Villard an seine Klientin: »Consuelo fertigte eine Fälschung an in der Absicht, sich den gesamten Nachlass ihres Mannes anzueignen, und so machte sie sich sehr wohl der Hehlerei schuldig, wodurch sie alle Rechte an diesem Nachlass verwirkte. Dass ihr die Hälfte aller Rechte zugestanden wurde, hat sie allem Anschein nach im Nachhinein nicht als eine großzügige Geste zu würdigen gewusst.«[9] Consuelo starb im Jahr 1979 in Grasse. Nach ihrem Tod nahm ihr Anspruchsberechtigter José Martinez mehrere Anläufe, um die besagte Vereinbarung vom 29. Mai 1947 vor Gericht anzufechten. Aber er blieb ohne Erfolg.

Die Konsequenzen aus dieser irrwitzigen Fortsetzungsgeschichte sind alles andere als erfreulich. Wir wissen jetzt, warum Saint-Exupérys Papiere, Manuskripte, Zeichnungen und Korrespondenzen so weit verstreut sind. Es gibt die Erben seitens der Familie, aber auch José Martinez und Erben aufseiten der Freunde, darunter Nelly de Vogüé, die ihr Archiv in der französischen Nationalbibliothek in Paris hinterlegt und mit einer fünfzigjährigen Sperrfrist belegt hat. Immerhin hat sie sich mit aufopferungsvollem Einsatz um die Zusammenstellung und Herausgabe von *Citadelle* bemüht (erschienen 1948 bei Gallimard); gleichwohl ist einzuwenden, dass Saint-Exupéry das Buch wohl nie in dieser Form veröffentlicht hätte.

In gewisser Hinsicht ist der materielle Nachlass des Schöpfers des »Kleinen Prinzen« auch fünfundsechzig Jahre nach seinem Tod noch immer nicht verbindlich geregelt, setzt doch derzeit die mächtige Paramount alles daran, dem kleinen blonden Jungen den Spaß am Filmemachen gehörig zu verderben. Es stimmt schon, die Geschäftsleute unseres traurigen Planeten zählen nicht nur Sterne ...

*

Die Ironie dieser Geschichte gipfelt nicht zuletzt darin, dass Consuelo fast noch eine zweite Straftat beging, vermutlich ohne sich selbst darüber im Klaren zu sein: Nach der versuchten Erbschleicherei verkaufte sie etwas, das bereits hätte verkauft sein können. In ihren Unterlagen fand sich ein auf den 16. Juni 1943 datierter Vertrag in Briefform – da war »Der kleine Prinz« gerade einmal zweieinhalb Monate auf dem Buchmarkt –, der dem Starregisseur Orson Welles eine exklusive Option für die Verfilmungs- und Vertonungsrechte am Buch einräumte.[10] Das Dokument ist von seinem amerikanischen Agenten Maximilian Becker mit »i. A. Antoine de Saint-Exupery« unterzeichnet.

Saint-Exupéry war inzwischen wieder in den Krieg gezogen. Aber selbstverständlich war er über das Projekt informiert und hatte grünes Licht gegeben. Er zeigte damit abermals sein Interesse für eine Sparte, die man heute audiovisuelle Medien nennen würde, und er wusste auch, dass sich »Der kleine Prinz« für ein derartiges Vorhaben gut eignete. Man weiß außerdem, dass der Schriftsteller ständig Geld brauchte, da kam ihm das vertraglich vereinbarte Honorar von 12.500 Dollar sehr entgegen. Durch eine verrechenbare Garantiezahlung von 1.250 Dolar wäre eine Option für sechzig Tage erworben worden. In der Vorstellung des Visionärs Welles, der bereits einige Auszüge von »Nachtflug« und »Wind, Sand und Sterne« für das US-amerikanische Radio adaptiert hatte, sollte sich hier das herkömmliche Kino mit dem Zeichentrickfilm verbinden, weshalb man sich an Walt Disney, den Großmeister dieses Genres, wandte. Doch am Ende lehnte Disney eine Beteiligung am Projekt ab und der Film kam nicht zustande. In dieser Sache gab es nur Verlierer.

Unterdessen wartet der »Kleine Prinz« immer noch darauf, eines Tages zum Helden eines Zeichentrickfilms zu werden …

Vorläufiges Schlusswort

Antoine de Saint-Exupéry starb mit vierundvierzig Jahren eines gewaltsamen Todes und hinterließ nolens volens ein unvollständiges Werk. Daher hätten seine »Gesammelten Werke«, die bei Gallimard in der berühmten Reihe *Pléiade* herausgegeben wurden, nicht *Œuvres complètes*, sondern eigentlich *Œuvres incomplètes* – »unvollständige Werke« – heißen müssen.

Saint-Exupéry vollendete und veröffentlichte insgesamt fünf Bücher: *Courrier Sud* (»Sükurier«), *Vol de nuit* (»Nachtflug«), *Terre des hommes* (»Wind, Sand und Sterne«), *Pilote de guerre* (»Flug nach Arras«) und *Le Petit Prince* (»Der kleine Prinz«). Und dann hinterließ er noch die Großbaustelle *Citadelle* (»Die Stadt in der Wüste«), ferner einige unfertige Jugendschriften zu besonderen Anlässen sowie einen Wust an Entwürfen, Heften, Briefen, verstreuten Texten usw.

Im Unterschied zu anderen Schriftstellern ist Antoine de Saint-Exupéry kein fertiger Autor, der um sich selbst und seine kleine Welt kreist. Sein Verschwinden hat ein weites Feld an potenziellen Möglichkeiten offen gelassen: Was hätte er wohl gemacht und geschrieben, wenn er weitergelebt hätte, da doch beides – bei ihm viel stärker als bei anderen – so eng miteinander verknüpft war? In welche Richtung(en) hätten sich wohl seine Bücher weiterentwickelt, wenn er aus Gesundheits- und Altersgründen die Fliegerei endgültig hätte aufgeben müssen? Ihm fehlten ja nicht die Themen, wie wir gesehen haben. Aber keines war so wichtig wie die Fliegerei. Vielleicht hätte er, wie jene Spitzensportler, die nach Beendigung ihrer Karriere als

Trainer tätig werden, sich mit einem Flugzeugbauer zusammengetan und Erfahrungen, Ruhm und Patente eingebracht? Wenn, ja, wenn …

Doch genau dieser unabgeschlossene Teil des Lebens und mithin Werkes von Saint-Exupéry ist es, der unsere Fantasie anregt. Seine Bücher laden zum Bereisen, Miteinander-Teilen, Entdecken einer Welt ein, die er leidenschaftlich liebte und die nicht die Welt war, die wir gemeinhin die »zivilisierte Welt« oder die »moderne Welt« nennen. Mit »Der kleine Prinz« oder »Die Stadt in der Wüste« fordert er den Leser auf, sich selbst in Frage zu stellen, und weckt das Beste in jedem von uns: Unbehagen und sogar Empörung. Hinter der Fassade dieses Mannes schimmert ein rebellischer Zug hervor.

Über Saint-Exupéry zu arbeiten hat etwas geradezu Erhebendes, denn jede Untersuchung und jedes Buch stellt jeweils nur eine vorläufige Etappe dar. Es gibt noch so viele Entdeckungen zu machen, so viele Fährten auszukundschaften, so viele Geschichten zu erzählen.

Dazu gehört sein Verhältnis zu den Kollegen, den Herren von der *Nouvelle Revue Française* – Gide, Paulhan, Malraux, Camus – und der literarischen Intelligenz seiner Zeit.

Malraux erzählt eine Episode wie aus »Tausendundeiner Nacht«: Saint-Ex habe wie schon Mermoz vor ihm das Angebot ausgeschlagen, ihn als Pilot bei seiner Erkundungsreise über der Arabischen Wüste »auf der Suche nach der sagenhaften Hauptstadt der Königin von Saba« zu begleiten. Die abenteuerliche Expedition fand dennoch statt: Anfang 1934 konnte Malraux seinen Pilotenfreund Corniglion-Molinier samt einem Mechaniker dafür gewinnen. Die Leser der Pariser Tageszeitung *L'Intransigeant* durften in einer ausgezeichneten Reportageserie aus Malraux' Feder daran teilhaben.[1] Es gibt keine Zufälle: Zwei Jahre später reiste Saint-Exupéry im Auftrag derselben Zeitung für eine Reportage in das vom Bürgerkrieg heimgesuchte Spanien, wo Malraux mit seinen Flugzeugen aufseiten der Republikaner kämpfte.

Man stelle sich einmal vor, Saint-Exupéry hätte das Jobangebot angenommen, das ihm der Autor der Romane *La Voie royale* (»Der Königsweg«, 1930) und *La Condition humaine* (»So lebt der Mensch«, 1933) machte. Und hätte er den Flieger, eine Gnome et Rhône K-7 300 CV, nicht oder im Gegenteil mitten in der Wüste notlanden müssen: »Der Kleine Prinz« hätte nicht einen, sondern zwei Spinner getroffen und das Licht der Welt vielleicht früher erblickt …

So viel, wie Saint-Exupéry in den letzten Jahren neu gelesen wird, Informationen von Zeitzeugen gesammelt werden, nach neuen Dokumenten geforscht wird in dem Versuch, ihn zu durchdringen, auch aus den abwegigsten Blickwinkeln heraus, hat sich unser Kenntnisstand erheblich verbessert. Einen zusätzlichen Schub bekam die Arbeit der Forscher durch die Entdeckung größerer unveröffentlichter Schriften – zum Beispiel jüngst »Manon, Tänzerin« und *Lettres à l'inconnue* (»Briefe an die Unbekannte«) – und das nicht nachlassende, ja sogar wachsende Interesse eines breiten Publikums an dem Menschen Saint-Exupéry und seinem Werk. Olivier d'Agay, der Direktor der Succession Saint-Exupéry–d'Agay berichtet: »Saint-Exupéry ist in mehr als fünfundzwanzig Ländern durch Vereine, Krankenhäuser, Schulen, Unternehmen und Nichtregierungsorganisationen präsent. […] ›Der kleine Prinz‹ ist zu einer Ikone der nachhaltigen Entwicklung geworden, die UNO hat ihn zum Botschafter der Kindheit und des Umweltschutzes gekürt.«[2] In Frankreich wurde vor kurzem unter der Schirmherrschaft der Stiftung *Fondation de France* die Jugendstiftung *Fondation Antoine de Saint-Exupéry pour la jeunesse* gegründet. Es gibt keinen so illustren und so universellen Helden in der modernen Literatur wie den kleinen Jungen mit dem wehenden Schal.

Soweit wir heute wissen, wurden alle wichtigen Schriften Saint-Exupérys inzwischen veröffentlicht. Es besteht aber große Hoffnung, dass eines Tages, wenn jene Archive geöffnet werden, die derzeit noch unter Verschluss sind, weitere Schätze zutage kommen: Manuskripte, Zeichnungen, Briefe … Wir denken da natürlich an den Rest des Nachlasses von Consuelo, der sich im Besitz ihres Anspruchsberechtigten José Martinez befindet, und an den Nachlass von Nelly de Vogüé in der Nationalbibliothek. Aber auch an all die Dinge, die auf Dachböden oder in den Bibliotheken von Privatleuten schlummern. Wer weiß, vielleicht werden wir dann durch die eine oder andere Entdeckung ein Datum in Frage stellen, die Deutung eines Ereignisses oder die Bedeutung eines Menschen im Leben Saint-Exupérys korrigieren müssen, ja sogar eines Tages die Umstände seines Todes sich aufklären sehen …

Auch nach fünfundsechzig Jahren bleibt die »Akte Saint-Ex« geöffnet und sein Andenken lokal und universell. So war vor kurzem zu erfahren, dass die Stadt Marseille, vor deren Küste der Pilot mit seiner Lightning zerschellte, die Einrichtung einer Gedenkstätte für Saint-Exupéry plant. Das Haus der Familie Saint-Exupéry in Saint-Maurice-de-Rémens im Departement Ain, wo Saint-Ex seine Kindheit verbrachte, soll nach jahrzehntelangen unglaublichen finanziellen und politischen Machenschaften endlich in ein Museum zu Ehren des Schriftstellers umgewandelt werden. Es existiert schon eines in Japan, da erscheint es nur folgerichtig, dass er bald auch eines in Frankreich hat, seinem Heimatland, das er leidenschaftlich liebte und für das er sein Leben gab …

Saint-Exupéry sagt in *Citadelle* so schön: »Wenn du für den Menschen schreibst, belädst du ein Schiff. Doch nur recht wenige Schiffe erreichen den Hafen. Sie versinken im Meer. Es gibt

nur wenige Worte, die im Lauf der Geschichte nicht ihre Leucht-
kraft verlieren.«[4] Seine Worte leuchten tief aus dem Meer, der
Wüste, den Wolken und den Sternen.

Paris – Cabris – Agay – London – Juignettes
2007–2009

Anmerkungen

Vorwort

1 Stacy Schiff, *Saint-Exupéry. A Biography*, New York 1994 (dt. Stacy Schiff, »Saint-Exupéry. Eine Biographie«, aus dem Amerikan. v. Eva Brückner-Tuckwiller, Albrecht Knaus, München 1995).

2 Die Formulierung stammt von François Moreau de Balasy, dem wir in Kapitel VII »Die Suche nach dem verschollenen Piloten« wiederbegegnen werden.

3 Er war unter anderem Mitarbeiter des ersten Bandes der *Œuvres complètes* (»Gesammelten Werke«) von Antoine de Saint-Exupéry, der 1994 in der *Bibliothèque de la Pléiade* bei Gallimard erschien, und Mitherausgeber des zeitgleich in derselben Reihe veröffentlichten *Album Saint-Exupéry*.

I Ein saturnischer Dichter

1 Sie wurden erstmals im Sammelband *Dessins, aquarelles, pastels, plumes et crayons* gezeigt, Gallimard, Paris 2006.

2 *Œuvres complètes*, erschienen in der Reihe *Bibliothèque de la Pléiade* von Gallimard, Bd. 1, Paris 1994. Im Folgenden wird bei Zitaten aus Bd. 1 und Bd. 2 dieser Edition die Verweisform *Pléiade I* und *Pléiade II* verwendet.

3 *La Vôge*, Jahreszeitschrift der Association pour l'histoire et le patrimoine sous-vosgiens (AHPSV), Frühjahr 2006.

4 Nach Aussage von Yves Grisez in besagtem Artikel in *La Vôge*.

5 *Pléiade I*. Eine Nachdichtung der in diesem Band vorgestellten Gedichte wurde nicht versucht; sie wurden interlinear übersetzt. Das Original steht jeweils in den Fußnoten. (A. d. Ü.) – *Les ailes frémissaient sous le souffle du soir / Le moteur de son chant berçait l'âme endormie / Le soleil nous frôlait de sa couleur pâlie*

6 Ebd. – […] *Parfois confusément sous un rayon lunaire, / Un soldat se détache incliné sur l'eau claire; / Il rêve à son amour, il rêve à ses vingt ans!*

L'air pur frémit soudain d'une balle perdue, / Un râle va troubler le murmure des vents… / Ô, pourquoi sur des fleurs faut-il que l'on se tue.

7 Das Gedicht befindet sich im Besitz der Familie und wurde uns freundlicherweise von Yves Grisez vorgelegt. – *L'étang semble dormir, pas un roseau ne chante / Les saules consternés se taisent sur le bord; / Pleurant ce qui leur fit souvent risquer la mort / De fragiles iris penchent vers l'eau pesante…*

Car le dieu qui rendait la campagne vivante, / Le vent n'est plus ici pour l'animer encor, / Pour dire aux oisillons de prendre leur essor / Ou plisser l'étang bleu d'une vague mourante…

Mais les arbres pensifs attendent son retour. / Et nous sommes ainsi quand, n'ayant plus d'amour, / L'orage étant passé, rien chez nous ne frissonne,

Que réclamant ce qui nous fit pourtant souffrir / Notre cœur est muet, vide, triste à mourir / Ô mon ami… comme un paysage d'automne!

8 Die Schrift Saint-Exupérys wurde im Laufe der Jahre immer unleserlicher, als würde ihn etwas hetzen; die Herausgeber konnten diese Worte nicht entziffern.

9 Unveröffentlichte Anmerkung, Succession Saint-Exupéry–d'Agay.

10 Yves Grisez, Artikel in *La Vôge*, a. a. O.

11 Vertrauliche Äußerungen von Jean Grisez gegenüber seinem Sohn Yves.

12 Manuskript im Bestand der Archives Nationales, Fonds Simone de Saint-Exupéry; veröffentlicht in: *Pléiade I. – Je me souviens de toi comme d'un foyer clair / Près de qui j'ai vécu des heures, sans rien dire / Pareil aux vieux chasseurs fatigués du grand air / Qui tisonnent tandis que leur vieux chien respire*
Je remuai la braise au fond de tes yeux noirs / Distraitement, afin que ta passion couve / Et qu'aux heures de spleen où l'âme se sent choir / Muette mais le cœur brûlant je te retrouve
À quoi bon! Tu n'es plus qu'un pâle souvenir, / Un profil qu'on oublie, un vague paysage / Très cher, très doux, où l'on eût aimé revenir / N'était la vie – et l'exigence du voyage…
Pourtant quand l'ombre traîne aux confins bleus du jour / Qu'un soir de plus en vain j'ai tendu mes bras vides, / La tête dans ces mains que vont marquer des rides / Je me souviens de toi comme d'un grand amour…

13 Ebd. – *Il est minuit – je me promène / Et j'hésite scandalisé / Quel est ce pâle chimpanzé / Qui danse dans cette fontaine?*
À l'heure où d'autres vont au club / Quel est donc ce reflet baroque / Je devine… je… suffoque / C'est la lune qui prend son job
La lune qui se désaltère / Espiègle aux grands jets d'eau moqueurs / Lasse des étoiles ses sœurs / Et du protocole stellaire
Dans ce bassin divinisé / Au mépris des gens maussades / Elle épuise de ses baisers / L'eau ruisselante des cascades
Lasse des vers de mirlitons / Qui l'endorment au fond des nues / Elle joue avec les tritons / Sans penser à mal – toute nue
Pas de gaze, pas de halo / Oh l'incorrecte jeune fille… / […] / Mais nerveuse comme une anguille / La lune frétille, frétille / La lune frétille dans l'eau…

14 André Malraux, *Lunes de papier*, Éditions de la Galerie Simon, Paris 1921, illustriert mit Holzschnitten von Fernand Léger.

Royaume farfelu erschien 1928 bei Gallimard in einer limitierten Auflage von 572 Exemplaren.

15 Die Pianistin Madeleine Malraux, zweite Ehefrau von André Malraux, in ihrem Vorwort zu dem Sammelband mit Zeichnungen *L'univers farfelu d'André Malraux* (erschienen 2009 bei Chêne in Paris, hg. v. Marie-Josèphe Guers).

16 *Pléiade I. – Ville heureuse, quelle menace au creux des ports. / Je balance, amarrée à l'anneau qui se ronge. / Grâce à moi tes enfants captifs forment des songes / Infidèles: je suis une barque qui dort.*

Je hais leur bonheur simple et pareil à la mort. / Je nouerai leurs bras frais à la rampe qui plonge / Et parmi le trésor des algues, des éponges, / Des perles, ébloui je tirerai les forts.

Je suis l'évasion promise où l'on s'élance. / Du chant de mes agrès je vaincrai ton silence, / J'arracherai tes fils aux bonheurs importuns.

Car nul bonheur ne vaut les grimaces d'envie / Vers les îles, ni les récifs, ni les embruns, / Ni – ville heureuse – l'âpre sel d'une autre vie.

17 Joseph Kessel, Saint-Ex (Bd. 137 der Reihe *Brimborions*), Éditions Dynamo, Lüttich 1965.

II Der Mann, der die Frauen liebte

1 Sechs Briefe von Antoine de Saint-Exupéry an Louise de Vilmorin sind erschienen in: *Autour de Courrier Sud et de Vol de nuit*, Gallimard, Paris 2007, in deutscher Sprache in: Antoine de Saint-Exupéry: »Manon, Tänzerin. Eine Erzählung und 13 Liebesbriefe«, hg. v. Alban Cerisier u. Delphine Lacroix, übers. v. Annette Lallemand, Karl Rauch Verlag, Düsseldorf 2009, S. 53-74, besagter Brief auf S. 71-74.

2 Gespräch mit dem Autor. Odette de Sinety (1897–1987) erzählt von ihrer Jugendfreundschaft mit Saint-Exupéry in einem

Interview, das unter dem Titel *Quand Saint-Exupéry jouait au Petit Prince dans la Sarthe* [»Als Saint-Exupéry den Kleinen Prinzen in der Sarthe spielte«] in *Le Maine libre* vom 29. Juli 1982 erschien.

3 Das Gedicht *Mort du cygne* (»Tod des Schwans«) mit der Zeichnung sowie drei weitere Zeichnungen sind abgedruckt in: *Dessins, aquarelles, pastels, plumes et dessins*, a. a. O. – *Le cygne s'est blessé; son sang rouge colore / La splendeur de son être; il se redresse encore / Et d'un effort suprême en frémissant toujours / Se rattache à la vie; et veut vivre ses jours.*

4 Unveröffentlichter Brief, Fonds Simone de Saint-Exupéry in den Archives Nationales, Paris.

5 Anm. d. Übers.: übliche Anrede von Saint-Exupéry in den Briefen an seine Mutter.

6 Unveröffentlichter Brief (s. Anm. 4).

7 Brief aus Perpignan, erschienen in: Antoine de Saint-Exupéry, »Manon, Tänzerin«, a. a. O., S. 71.

8 Ebd., S. 68.

9 Ebd., S. 71-74.

10 *Manon, danseuse* erschien 2007 bei Gallimard in einer vierbändigen Sammlung unveröffentlichter Texte von Antoine de Saint-Exupéry; die deutsche Übersetzung »Manon, Tänzerin« erschien 2009 in einem kleinen gleichnamigen Sammelband zusammen mit 13 Liebesbriefen (s. Anm. 1), S. 19-52.

11 Antoine de Saint-Exupéry, »Briefe an seine Mutter. Botschaften eines großen Herzens«, übers. v. Oswald von Nostitz, Verlag Herder, Freiburg i.Br. 1991, S. 89.

12 Briefe an Yvonne de Lestrange, in: *Pléiade II* (dt. zit. v. Alban Cerisier in »Manon, Tänzerin«, a. a. O., S. 13).

13 *Pléiade II*.

14 Veröffentlicht in den Jugendschriften, in: *Pléiade I*.

15 »Manon, Tänzerin«, a. a. O., S. 31f.

16 *Lettres intimes*, in: *Pléiade II*.

17 Briefe an Natalie Paley, in: »Manon, Tänzerin«, a. a. O., S. 75-107.

18 Ebd., S. 92, 97 u. 107.

19 Die Briefe hatte die Familie der Geliebten verwahrt. Sie tauchten 2007 bei Sotheby's auf und wurden von Gérard Lhéritier für das Musée des Lettres et Manuscrits gekauft. Die Identität der Unbekannten wurde nicht gelüftet. Die Briefe erschienen im August 2008 als Faksimile-Ausgabe bei Gallimard.

III Rendezvous mit der Filmbranche

1 Die Entwürfe sind am Ende der Ausgabe von *Pléiade II* versammelt.

2 Die später mit Tyrone Power verheiratete Schauspielerin ging 1938 nach Hollywood, wo Saint-Exupéry sie während seines amerikanischen Exils besuchte.

3 Die Manuskripte sind im Besitz der Succession Saint-Exupéry–d'Agay; sie wurden teilweise in *Pléiade II* veröffentlicht.

4 Erschienen in: Christian Janicot, *Anthologie du cinéma invisible. 100 scénarios pour 100 ans de cinéma*, Jean-Michel Place, Paris 1995.

5 Brief von Jean Renoir an Antoine de Saint-Exupéry, erschienen in: *Saint-Ex raconte Terre des hommes à Jean Renoir*, Gallimard, Paris 1999.

6 Im Vorwort von *Saint-Ex raconte Terre des hommes à Jean Renoir*, a. a. O.; diese Ausgabe enthält den transkribierten Wortlaut der Schellackplatten sowie den Briefwechsel der beiden Protagonisten des Filmprojekts.

7 Ebd.

8 Ebd.

9 Die deutsche Übersetzung von Fritz Montfort erschien 1949 im Karl Rauch Verlag unter dem Titel »Flug nach Arras«.

IV Die Geheimnisse des Kleinen Prinzen

1 Siehe den Sammelband *Dessins, aquarelles, pastels, plumes et crayons*, a. a. O.

2 Zitiert von Alban Cerisier in: *Il était une fois … Le Petit Prince*, Gallimard (Reihe *Folio*), Paris 2006. Ursprünglich erschienen im Ausstellungskatalog *Angers-Paris-Tours. Deux siècles du livre*, hg. v. Institut de l'édition contemporaine u. Association Hôtel Mame centre culturel, 1989.

3 Diese vier Zeichnungen sind erschienen in: *Dessins, aquarelles, pastels, plumes et crayons*, a. a. O., die anderen drei sind bisher unveröffentlicht.

4 Stand: Sommer 2009.

V Ein gaullistisches Komplott in Montreal?

1 Vorwort von Antoine de Saint-Exupéry in: Helen Mackay, *La France que j'aime*, Éditions Variétés, Montreal 1942.

2 *Lettre aux Français*; dt. Fassung in: Antoine de Saint-Exupéry, »Romane und Dokumente: Südkurier. Wind, Sand und Sterne. Flug nach Arras. Kleine Schriften«, Karl Rauch Verlag, Düsseldorf 2002, S. 553-562.

3 *Pléiade II.*

4 Antoine de Saint-Exupéry, »Romane und Dokumente«, a. a. O., S. 562.

5 Der *Lettre à un otage* erschien in der ersten Ausgabe der Literaturzeitschrift *L'Arche* im Februar 1944 in Algier; die Zeitschrift wurde von Jean Amrouche gegründet, der André Gide nahestand. Dt. Fassung in: Antoine de Saint-Exupéry, »Romane und Dokumente«, a. a. O., S. 527-551.

6 Briefe an André Breton, erschienen in: *Pléiade II.*

7 Ebd.

8 Gespräch zwischen dem Buchautor und Jean d'Agay im Frühjahr 2009 in Agay.

9 Vielleicht kann der Briefwechsel zwischen Saint-John Perse und Henri Hoppenot, der Ende 2009 bei Gallimard erschien, Aufschluss darüber geben.

10 Erschienen in: *Pléiade II*.

11 Ebd.

12 Passage aus einem ebenso wichtigen wie viel zu wenig bekannten Artikel, der am 1. Februar 1945 im *Figaro* erschien; wieder abgedruckt in dem Bändchen *Saint-Exupéry*, erschienen in einer Auflage von 51 Exemplaren in den Éditions Dynamo, Lüttich sowie in André Gide, *Journal 1939–1949 et Souvenirs*, Gallimard, erschienen in der Reihe *Bibliothèque de la Pléiade*, Paris 1954.

13 Tagebucheintrag vom 24. Juni 1940, in: André Gide, »Gesammelte Werke in 12 Bänden«, Bd. IV: »Autobiographisches: Tagebuch 1939–1949. *Et nun manet in te u. a.*«, Deutsche Verlags-Anstalt, Stuttgart 1990, S. 61. Die französische Ausgabe seines Tagebuchs erschien im Januar 1951 und war damit das letzte Werk, das noch zu seinen Lebzeiten publiziert wurde. Gide starb am 19. Februar 1951.

14 André Gide, Artikel im *Figaro*, 1. Februar 1945 (s. Anm. 12).

15 Laut Information des Institut Charles de Gaulle.

16 In der überaus interessanten Zeitschrift *Icare*, Nr. 65, 1973.

VI Ein genialer Tausendsassa

1 Archiv der Succession Saint-Exupéry–d'Agay, unveröffentlichter Text; der französische Originaltitel lautet *La Prospérité et la Production*.

2 Ebd., französischer Titel: *Idées de base*.

3 Ebd., französischer Titel: *Capitalisme (élément nouveau)*.

4 Ebd., französischer Titel: *Plan Activité nationale*.

5 Ebd., französischer Titel: *Note sur Beaudelaire*.

6 André Gide, Artikel im *Figaro*, 1. Februar 1945, a. a. O.

7 Gallimard, Paris 1953.

8 Erschienen in: *La Lettre de la Pléiade*, unverkäufliches Bulletin für Buchhändler und Abonnenten der berühmten Reihe *Pléiade* bei Gallimard, Nr. 24, April/Mai 2006. © Succession Albert Camus (Catherine und Jean Camus); Nachdruck verboten.

9 Ebd.

10 Ebd.

11 Archiv der Succession Saint-Exupéry–d'Agay.

12 André Gide, Artikel im *Figaro*, 1. Februar 1945, a. a. O.

13 *Le Journal de prestidigitation*, Nr. 165, März/April 1952.

14 Anekdote, wiedergegeben im Artikel von Jean Métayer in: *Le Journal de prestidigitation*, a. a. O.

15 Archiv der Succession Saint-Exupéry–d'Agay.

16 Wurde zusammen mit anderen Texten von und über Saint-Exupéry 1957 vom belgischen Kleinverleger P. Aelberts im Lütticher Verlag Éditions Dynamo, Reihe *Brimborions*, in einer Auflage von 50 Exemplaren herausgegeben.

17 *Le Journal de prestidigitation*, a. a. O.

18 *Le carnet de Casablanca*, 1921, erschienen in: *Dessins, aquarelles, pastels, plumes et crayons*, a. a. O.

19 Zeichnungen, abgedruckt in: *Dessins, aquarelles, pastels, plumes et crayons*, a. a. O.

VII Die Suche nach dem Verschollenen

1 Antoine de Saint-Exupéry, »Der kleine Prinz«, Karl Rauch Verlag, Düsseldorf 1977, S. 53.

2 Eine Aussage, an die sich mehrere Mitglieder der Familie d'Agay in Gesprächen mit dem Autor dieses Buches erinnerten.

3 Kleidung, Gegenstände und Papiere, darunter 915 maschinegeschriebene Seiten von *Citadelle*.

4 Stacy Schiff, »Saint-Exupéry. Eine Biographie«, a. a. O., S. 632.

5 *Pléiade II*.

VIII Ein irrwitziges Erbe

1 Brief vom 15. März 1947 an Marie de Saint-Exupéry. Sämtliche Zitate in diesem Kapitel aus Briefen, Zeugenaussagen, Gutachten usw. sind der »Akte« entnommen, die Marie und Simone de Saint-Exupéry für den Prozess gegen Consuelo zusammenstellten, zuzüglich des Materials für die nachfolgenden Schritte, die Simone unternahm, um Consuelos Versuche, die gütliche Regelung vom 29. Mai 1947 für nichtig zu erklären, zu vereiteln.

2 Brief aus Algier vom 27. Februar 1947 an Marie de Saint-Exupéry.

3 Ebd.

4 In ihrer Biografie berichtet Stacy Schiff, dass Dr. Pélissier tatsächlich versuchte, einige Manuskripte von Saint-Exupéry zurückzubehalten. Nelly de Vogüé informierte das Luftfahrtministerium darüber, worauf dieses gezwungen war, »um ihre Rückerstattung zu prozessieren, und sie schließlich – unter einigen Kosten – Ende Januar 1945 wiedererlangte«. Siehe Stacy Schiff, »Saint-Exupéry«, a. a. O., S. 631.

5 Aus dem Klageentwurf, den Simone de Saint-Exupéry dem Ersten Untersuchungsrichter der Staatsanwaltschaft der Seine vorlegen wollte.

6 Brief vom 19. März 1947 an Simone de Saint-Exupéry.

7 Untersuchungsergebnis der Fachgutachten, die der »Akte Saint-Ex« beiliegen.

8 Aus Consuelos eigener Darstellung der Gegebenheiten, wie sie sie ihrem Rechtsanwalt Funck-Brentano schilderte. Dieser schickte sie an seinen Kollegen und Vertreter der Gegenseite Villard, der Ausschnitte daraus in einem Brief an Simone de Saint-Exupéry vom 7. September 1972 zitierte.

9 Brief an Simone de Saint-Exupéry vom 7. September 1972.

10 Dokument aus dem Archiv von Orson Welles, auf das mich Frédéric Castaing, Fachmann für Manuskripte, Autografen und Fotografien, freundlicherweise aufmerksam machte.

Vorläufiges Schlusswort

1 Später erschienen unter dem Titel *La Reine de Saba, une »aventure géographique«,* Gallimard (Reihe *Les cahiers de la NRF*), Paris 1993.

2 *Le Figaro,* 31. Juli 2009.

3 Ebd.

4 »Die Stadt in der Wüste«, ins Deutsche übertragen v. Oswalt von Nostitz, Karl Rauch Verlag, Düsseldorf 1956, Neue Ausgabe 2009, Kap. 36, S. 175.

Quellen

Sämtliche unveröffentlichten Dokumente, die im Rahmen der Untersuchungen zum vorliegenden Buch zusammengetragen und hier zitiert wurden, stammen – mit Ausnahme der in den Anmerkungen genannten – aus Privatarchiven, insbesondere dem Archiv des Espace Saint-Exupéry und dem Archiv der Succession Saint-Exupéry–d'Agay.

Trotz eingehender Recherchen ist es uns nicht gelungen, die Rechteinhaber für sämtliche genannten Texte ausfindig zu machen. Im Falle eines Versäumnisses, bitten wir Sie, sich mit dem französischen Originalverlag in Verbindung zu setzen.

Bibliografie

Texte von Antoine de Saint-Exupéry

Cher Jean Renoir, erschienen in der Reihe *Les cahiers de la NRF*, Gallimard, Paris 1999

Dessins, aquarelles, pastels, plumes et crayons, Gallimard, Paris 2006

»Der kleine Prinz«, mit Zeichnungen des Verfassers, deutsch v. Grete u. Josef Leitgeb, Karl Rauch Verlag, Düsseldorf 1956

Lettres à l'inconnue, Gallimard, Paris 2008

»Manon, Tänzerin. Eine Erzählung und 13 Liebesbriefe«, Übersetzung Annette Lallemand, Karl Rauch Verlag, Düsseldorf 2009

»Nachtflug«, Roman, auf der Grundlage der Übers. v. Hans Reisiger neu bearbeitet, Fischer Taschenbuch Verlag, Frankfurt a. M. 1988

Œuvres complètes [»Gesammelte Werke«], 2 Bde., erschienen in der Reihe *Bibliothèque de la Pléiade*, Gallimard, Paris 1994 u. 1999

»Romane. Dokumente« [Südkurier – Wind, Sand und Sterne –
Flug nach Arras / Kleine Schriften: Blutendes Spanien – Frieden
oder Krieg? – Das Wesentliche – Brief an einen Ausgelieferten –
Brief an die Franzosen – Brief an einen General – Ein Plädoyer
für den Frieden], Karl Rauch Verlag, Düsseldorf 2002

»Die Stadt in der Wüste«, ins Deutsche übertragen v. Oswalt
von Nostitz, Karl Rauch Verlag, Düsseldorf 1956, Neue Ausgabe
2009

Texte über Antoine de Saint-Exupéry

Album Saint-Exupéry, erschienen in der Reihe *Bibliothèque de la
Pléiade*, Gallimard, Paris 1994

Stacy Schiff, »Saint-Exupéry. Eine Biographie«, aus dem Amerikanischen übers. v. Eva Brückner-Tuckwiller, Albrecht Knaus,
München 1995

Simone de Saint-Exupéry, *Cinq enfants dans un parc*, erschienen
in der Reihe *Les cahiers de la NRF*, Gallimard, Paris 2000

Dank

Für ihre guten Ratschläge, ihre unschätzbare Hilfe und ihre wertvollen Informationen möchte ich sehr herzlich danken:

François d'Agay
Jean d'Agay
Frédéric d'Agay
Olivier d'Agay (für seine Freundschaft und sein Entgegenkommen)
dem Espace Saint-Exupéry
der Succession Saint-Exupéry–d'Agay
Delphine Lacroix

Henri Claudel
François Claudel
Marie-Sygne Claudel (Lady Northbourne)

den éditions Gallimard
Alban Cerisier

Michel de Jaeghere, Chefredakteur der Sonderbeilagen des *Figaro*
Étienne de Montety, Direktor des *Figaro littéraire*, und Dominique Guiou, Chefredakteur, sowie ihren Mitarbeitern
dem Archiv-Dienst des *Figaro*
Patricia Lewin
Dominique Blanchecotte, Fondation La Poste
Frédéric Castaing
François Moreau de Balasy

Jean-Michel Place

Pierre Becker

Gérard Egnell

Madame la Comtesse Fabienne Boüet-Willaumez

Jean-Claude Monnet

Yves Grisez

Olivier Germain-Thomas

Catherine Trouillet, Zeitschrift *Espoir*, Institut Charles de Gaulle

Paul de Sinety

Marc Mahuzier

Patrice Guillier

Mein wärmster Dank gilt nicht zuletzt Jean-Marc, Capucine, Mélanie, Solveig und dem gesamten Dream-Team der Edition Stock.

...

Dieses Buch erscheint im Rahmen des Förderprogramms des französischen Außenministeriums, vertreten durch die Kulturabteilung der französischen Botschaft in Berlin. *Ce livre paraît dans le cadre des programmes d'aide du ministère français des Affaires étrangères, représenté par le Service culturel et l'ambassade de France á Berlin.*

Der Verlag dankt dem *Centre national du livre* für die großzügige Unterstützung der Publikation.